기독교윤리실천운동 신뢰 회복 시리즈

정직한 성도, 신뢰받는 교회를 위한
30일 여정

모든 인간은 하나님의 형상을 닮은 존엄한 존재입니다. 전 세계의 모든 사람들은 인종, 민족, 피부색, 문화, 언어에 관계없이 존귀합니다. 예영커뮤니케이션은 이러한 정신에 근거해 모든 인간이 존귀한 삶을 사는 데 필요한 지식과 문화를 예수 그리스도의 사랑으로 보급함으로써 우리가 속한 사회에 기여하고자 합니다.

기독교윤리실천운동 신뢰 회복 시리즈

정직한 성도, 신뢰받는 교회를 위한 30일 여정

펴낸 날 · 2009년 2월 16일 | **초판 1쇄 찍은 날** · 2009년 2월 9일
지은이 · 신동식 | **펴낸이** · 김승태
등록번호 · 제2-1349호(1992. 3. 31.) | **펴낸 곳** · 예영커뮤니케이션
주소 · (136-825) 서울 성북구 성북1동 179-56 | **홈페이지** www.jeyoung.com
출판사업부 · T. (02)766-8931 F. (02)766-8934 e-mail: edit1@jeyoung.com
출판유통사업부 · T. (02)766-7912 F. (02)766-8934 e-mail: sales@jeyoung.com
제작 예영 B&P · T. (02)2249-2506~7

copyright ⓒ2009, 신동식

ISBN 978-89-8350-512-5 (03230)

값 9,000원

기독교윤리실천운동 신뢰 회복 시리즈

정직한 성도, 신뢰받는 교회를 위한 30일 여정

신동식 지음

예영커뮤니케이션

묵상 교재 『30일 여정』의 구성

묵상 교재 『30일 여정』의 내용은 총 여섯 파트로 구성되어 있습니다. 첫째 오늘의 말씀, 둘째 말씀 나누기, 셋째 깊은 묵상, 넷째 삶에 적용, 다섯째 정직한 기도, 여섯째 미션뱅크로 구성되어 있습니다. 이렇게 나눈 것은 되도록이면 간편하면서도 집중적인 묵상을 할수 있도록 하기 위한 것입니다.

1. 〈오늘의 말씀〉은 전체 주제에 해당되는 것입니다. 말씀을 통하여 하나님의 음성을 듣고 특별히 핵심 말씀을 암송할 수 있게 한 것입니다.

2. 〈말씀 나누기〉는 오늘의 말씀에 대하여 풀이한 것이라 할 수 있습니다. 다만 주석적인 풀이가 아니라 적용을 위한 풀이로 모두가 쉽게 접근할 수 있도록 하였습니다. 그래서 읽기만 하여도 말씀이 무엇을 의미하는지 알게 하였습니다. 이 부분은 다양하게 사용될 수 있도록 하였습니다. 목회자들은 이 부분을 좀 더 확장하여 사용할 수 있고, 성도들은 그 자체로 은혜를 받게 하였습니다.

3. 〈깊은 묵상〉은 말씀 나누기를 통한 내용을 효과적인 질문을 통하여 개인적인 묵상의 길로 가게 한 것입니다. 그래서 많은 질문보다는 두 개의 질문을 통하여 좀 더 깊은 묵상을 하게 한 것입니다. 여기 역시 목회자들은 좀 더 묵상 질문을 개발하여 사용할 수 있으며, 성도들은 묵상 자체로 은혜의 길로 나갈 수 있습니다.

4. 〈삶에 적용〉은 깊은 묵상을 통하여 실제적인 실천 방안을 나누고자 한 것입니다. 관념에서 끝나는 것이 아니라 실제적이고 구체적인 실천 방안을 간구하는 것입니다. 그러나 교제의 특성상 많은 적용을 요구하기보다는 선택과 집중의 원리에 따라서 한 가지로 정하였습니다. 그리고 실제적인 적용으로 나가게 하였습니다.

5. 〈정직한 기도〉는 아주 중요합니다. 특별히 정직한 기도라는 제목을 붙인 것은 형식적인 기도가 되어서는 안 되기 때문입니다. 묵상이 살아 움직이는 생명이 되기 위해서는 무엇보다도 정직한 기도가 필요합니다. 되도록이면 기도문을 기록하는 것도 좋습니다. 기도문은 일종의 고백이기 때문입니다. 정직한 기도가 묵상의 꽃이 되기 때문입니다.

6. 〈미션 뱅크〉는 말씀을 통한 묵상과 적용이 피상적이지 않고, 구체적으로 우리 삶 가운데 실천되어지길 소망하며 구성한 것입니다. 개인 또는 소그룹에서 실천할 수 있는 실천지침을 한 가지씩 제시할 것입니다. 이 지침들은 개인보다는 소그룹에서 주간 단위로 실천할 때 더 효과적으로 활용될 것입니다.

FAQ

1. 『30일 여정』의 집필 목적은 무엇인가요?

『30일 여정』은 한국 교회가 대 사회적인 참된 영향력을 회복하길 소망하는 마음으로 만들어졌습니다. 한국 교회는 금세기에 놀랍도록 성장하였지만 영향력은 점점 감소되어 가고 있는 것을 볼 수 있습니다. 이것은 교회와 성도가 한 사회의 시민으로서의 가치에 대한 인식이 적고, 오직 개인 구원에만 관심이 집중되어 있기 때문입니다. 그러나 이것은 성경의 바른 가르침이라 할 수 없습니다. 하나님의 나라는 삶의 모든 영역에 나타나야 하기 때문입니다. 이러한 현실 인식하에 균형 잡힌 교재를 만들어 보급하는 것의 필요성을 인식하였고 이에 본 교재를 집필하게 된 것입니다.

2. 그렇다면, 다른 보통의 성경공부 교재와는 다른 특징이 있을 것 같은데요, 특징을 간단히 말씀해 주십시오.

『30일 여정』은 기존의 성경공부 교재 그리고 다양한 묵상 교재와 분명한 차이점을 가지고 만들어졌습니다. 『30일 여정』은 세 가지 독특한 면을 가지고 있습니다.

첫째는 기독교윤리실천운동(이하 기윤실)의 모토에 따른 교재라는 것입니다. 정직한 성도, 신뢰 받는 교회를 통하여 이 땅에 하나님의 나라를 만들어가려는 목적을 가진 기윤실의 가치를 현실 가운데 함께 나누고자 하는 것입니다. 기윤실의 모토는 정직, 책임, 정의, 평화, 배려의 다섯 가지 핵심 가치를 가지고 있습니다. 이 가치를 좀 더 실제적으로 삶 가운데 적용시키고자 하는 것입니다.

둘째는 말씀 묵상에 있어서 보다 실제적이라는 것입니다. 즉 다섯 가지의 핵심 가치가 하나님과 이웃, 교회와 가정 그리고 직장과 자신에게 실제적으로 적용되는 것입니다. 이렇게 한 주제에 대하여 분명한 목적을 가지고 집중적으로 만들어진 교재는 없었습니다.

셋째는 그룹 공부와 개인 묵상에 모두 활용할 수 있다는 것입니다. 우선적으로 개인 묵상에 중심을 두고 있으나 그룹에서 토의와 나눔, 그리고 특별 집회를 위한 교재로도 충분하게 사용될 수 있습니다.

3. 본 교재를 준비하면서 기대하신 바는 무엇인가요?

『30일 여정』은 보통의 다른 성경공부 교재와 달리 내용에 있어서 때로는 무겁게 느끼는 것도 있을 것입니다. 교회에서 이러한 문제에 대하여 논의된 적이 없었기 때문입니다. 그렇기에 이 교재의 필요성을 느끼며 또한 기대감을 갖는 것입니다. 정직한 성도, 신뢰 받는 교회가 되어 교회와 그리스도인의 사회적 역할에 충실하며 사회를 든든히 세워나갈 수 있기를 기대하는 것입니다. 『30일 여정』은 특별 새벽 예배를 통하여 사용될 수 있으며, 특별 성경공부를 통하여 함께 나눌 수도 있습니다. 또한 작정 나눔을 통하여 깊은 생각을 가질 수 있습니다. 이 땅의 소망은 오직 교회와 성도에게 있습니다. 그것은 불변하는 진리입니다. 이 일에 확신을 가지고 있다면 이제 우리의 눈을 열어 우리를 사용하시는 하나님을 보아야 합니다. 그리고 그 일에 우리 모두 쓰임 받기를 기대합니다.

한국교회가 사회로부터 받고 있는 신뢰성이 참담할 정도임을 기윤실이 작성한 보고서에 의하여 발표되었습니다. 짐작은 하고 있었지만 막상 현실로 나타나다보니 여기저기에서 탄식소리가 들려옵니다. '정말 이것이 사실일까?' 부정하고 싶은 마음이 간절합니다. 하지만 부정하려고 해도 할 수 없는 것이 사실입니다.

이처럼 한국 교회는 많은 부분에서 영향력을 상실하였습니다. 오히려 타도의 대상이 된 것처럼 보여지고 있습니다. 이러한 현실 앞에 한국교회와 그리스도인들은 어떠한 답을 주어야 할까요? 한국 교회가 그동안 사회봉사 활동을 미비하게 하였기 때문일까요? 아니면 정치에 대해 미온적이어서 그럴까요? 그런 것 같지 않습니다. 수치상의 봉사는 타 종교에 비하면 높습니다. 또한 정치인들의 구성을 보면 역시 많은 수의 그리스도인들이 자리를 차지하고 있습니다. 그러나 여전히 교회는 사회적 신뢰에 있어서 고전을 면치 못하고 있습니다.

그렇다면 그 이유는 무엇일까? 아무리 생각해도 답은 아직도 고쳐지지 않은 이원론적 신앙생활 때문인 것 같습니다. 소수의 그리스도인은 성경적 세계관을 가지고 삶의 통합을 추구하고 있지만 아직도 다수의 그리스도인에게서 볼 수 있는 것은 이원론적인 모습입니다. 삶의 전체를 성경적으로 통합하여 생각하지 못하고 살지 못하는 것이 오늘날 사회 속에서 교회와 그리스도인이 비판받는 현실이 아닌가 생각합니다. 여전히 개인 신앙과 교회 성장주의에 머물러 있고 그것이 복의 근원이라 생각하는 모습입니다. 이것이 극복되지 못하는 한 영향력은 발휘하지 못할 것입니다.

바로 여기에 『30일 여정』을 발간하고 함께 나누고 싶은 소망이 있습니다. 수없이 묵상의 시간을 가졌음에도 불구하고 자신과 교회 그리고 사회를 통합적으로 사고할 수 없었던 것이 우리의 현실입니다. 그러므로 균형 잡힌 신앙과 삶이 되지 못하였다고 생각합니다. 이러한 불균형을 잡아 보고자 애타는 마음으로 『30일 여정』을 내게 되었습니다.

이 책은 정직, 책임, 정의, 평화, 배려라는 다섯 가지의 중요한 가치를 가지고 성경이 말하는 것을 나누고 있습니다. 제목만 보면 대체로 무거운 주제 같습니다. 하지만 내용은 우리의 삶에 실체적으로 다가올 수 있도록 꾸몄습니다. 쉽다고는 할 수 없으나 어렵지는 않습니다. 다만 이러한 주

9

제를 가지고 묵상한 적이 없기에 처음은 힘들 수 있으나 우리의 삶을 돌아 볼 수 있는 기회가 되리라 생각합니다.

이 책은 다양하게 사용될 수 있습니다. 묵상 교재도 되고 소그룹 나눔 교재도 가능하고 목회자들의 설교로도 가능합니다. 아무쪼록 이 책이 우울한 우리의 현실 가운데 하나님의 뜻을 발견하고 삶을 통합적으로 생각하는 계기가 되기를 소망합니다.

특별히 이 책을 위하여 수고하였던 분들에게 감사를 드립니다. 우선 책을 구성하였던 기윤실 우창록 이사장님과 모든 분들, 그리고 양세진 사무총장의 도움에 감사를 드립니다. 또한 처음부터 애써왔던 조제호 간사와 최욱준 간사에게 진심으로 감사를 드립니다. 이들의 도움이 참으로 컸음을 밝힙니다. 그리고 이 책의 평화와 정의의 초고를 집필하고 함께 해주신 새벽이슬 이은창 간사에게 감사를 드립니다. 그러나 책에 나타나는 모든 책임은 본인에게 있음을 밝힙니다. 또한 책을 낼 수 있도록 함께 한 예영커뮤니케이션 김승태 사장님과 직원 모든 분들께 감사를 드립니다. 물론 사랑하는 아내와 지혜, 현호 그리고 빛과소금교회 지체들에게 고마

움을 전합니다.

   2009년, 흐리게 시작하였지만 하나님의 은혜가 우리 가운데 충만하게 나타나기를 기대합니다. 『30일 여정』이 작은 씨앗이 되어 이 땅에 하나님의 일하심이 충만하게 나타나기를 다시 한 번 소망합니다.

_ 하나님이 보내신 땅 원당에서 신동식 목사

CONTENTS

의를 추구하는 삶 (정의) · 91

칼을 쳐서 보습을 만들고 (평화) · 129

작은 자 하나에게 (배려) · 167

정직과 희망 (정직)

■ 기윤실에서는 **정직**을 다음과 같이 정의합니다.

정직은 'Honesty'와 'Integrity'의 통합개념으로 신실함, 진실됨, 진정함, 성실 등으로 이해되는 가치입니다. 정직을 실행한다는 것은 하나님과 사람들 앞에서 훌륭한 인격과 도덕성, 원칙을 갖추어 매사에 일관성 있게 행동하는 삶을 의미합니다.

여호와의 말씀은 정직하며 그가 행하시는 일은 다 진실하시도다(시 33:4)
내 마음의 정직함이 곧 내 말이며 내 입술이 아는 바가 진실을 말하느니라(욥 33:3)
하나님이여 내 속에 정한 마음을 창조하시고 내 안에 정직한 영을 새롭게 하소서(시 51:10)

정직 1 정직과 희망

정직하게 행하며 공의를 실천하며 그의 마음에 진실을 말하며 (시 15:2)

오늘의 말씀

1 여호와여 주의 장막에 머무를 자 누구오며 주의 성산에 사는 자 누구오니이까 2 정직하게 행하며 공의를 실천하며 그의 마음에 진실을 말하며 3 그의 혀로 남을 허물하지 아니하고 그의 이웃에게 악을 행하지 아니하며 그의 이웃을 비방하지 아니하며 4 그의 눈은 망령된 자를 멸시하며 여호와를 두려워하는 자들을 존대하며 그의 마음에 서원한 것은 해로울지라도 변하지 아니하며 5 이자를 받으려고 돈을 꾸어 주지 아니하며 뇌물을 받고 무죄한 자를 해하지 아니하는 자이니 이런 일을 행하는 자는 영원히 흔들리지 아니하리이다 (시 15:1-5)

말씀 나누기

"예수 그리스도는 좋은데 교회는 싫다."

이 말을 들어 본 적이 있습니까? 이 말이 무엇을 의미하는 것이라 생각하십니까? 우리는 이 상황 앞에 진지하여야 합니다. 왜냐하면 조국의 희망은 교회이기 때문입니다. 교회가 바로 서는 것이 모두가 사는 길입니다. 그런데 오늘의 현실은 그렇지 않습니다. 교회의 영향력이 상실되고 있습니다. 그러기에 교회가 싫다고 말하는 것입니다. 이것은 삼위 하나님의 아픔이며 우리의 아픔입니다.

"교회는 하나님께 예배하는 하나님의 전입니다."

구약에서 장막은 하나님이 임재하시는 곳입니다. 하나님께서 사람들 가운데 거하시고자 만들기를 명령하신 것이 바로 장막입니다. 신약에서 장막은 교회를 의미합니다. 결국 이 말씀은 장차 이루어질 참 교회인 하나님의 나라에 들어갈 자의 자격을 말하는 것이지만 동시에 교회의 성도들이 현실의 삶에서 어떻게 살아야 하는가를 보여 주는 말씀입니다. 이것은 행위로 말미암는 구원을 의미하는 것이 아닙니다. 오히려 믿음으로 구원 받은 성도들이 가지고 있어야 할 자격을 말하는 것입니다.

그리스도인은 정직을 행하며 공의를 실천하고 그리고 마음에 진실함을 가지고 있어야 합니다. 이것은 여호와의 전에 들어가는 이의 기본적 자세입니다. 그러나 여기서 멈추지 않습니다. 이웃을 향하여 적극적인 태도가 나타납니다. 의도적이든 비의도적이든 악한 말을 하지 않습니다. 또한 친구에게 해를 끼치지 않고 이웃을 모욕하지 않습니다. 그리고 하나님을 두려워하는 이들을 존중합니다. 이처럼 그리스도인들이 존경을 받고 하나님의 이름이 세상 가운데 높임을 받기 위해서는 분명한 신앙의 자세가 있어야 합니다.

● ● ● 노예 폐지를 선언한 아브라함 링컨은 20살 때 상점의 직원으로 일하고 있었습니다. 하루는 물건을 팔고 돈을 세어보니 3센트가 더 남았습니다. 그래서 곰곰이 생각해 보니 물건을 사고 돈을 지불하고 간 부인의 것이었습니다. 링컨은 곧 문을 닫고 부인이 사는 집을 찾아 나섰습니다. 그 부인을 만난 링컨은 "대단히 죄송합니다. 제가 그만 3센트를 더 받았으니 도로 받으십시오." 하고 돌려 주었습니다. 또 어느 날은 부인에게 차(茶)를 팔면서 분량을 조금 덜 준 것이 생각났습니다. 그는 20리나 되는 길을 달려가서 부족한 분량을 더 주었습니다.

링컨처럼 사는 것이 갑갑하게 보일지 모르겠습니다. 그렇게 살 수 없다고 항변할 수 있을 것입니다. 그러나 이것이 바로 그리스도인이 살아가야 할 삶의 모습입니다. 모두가 다 링컨처럼 살 수는 없지만 삶의 현장에서 정직하게 살려고 몸부림쳐야 합니다.

물론 세상이 요구하는 삶과는 다르기에 결코 쉽지는 않습니다. 세상은 쉽게 사는 것을 좋아합니다. 그리기에 아름다움을 알면서도 살지 못하는 것입니다. 하지만 우리가 가야 할 길은 분명합니다. 쉽지 않다고 포기하는 것이 아니라 어렵기에 정직한 길을 걷는 것입니다. 비록 가는 길이 어렵고 힘들지만 이미 주님께서 승리하여 놓으신 길이기 때문입니다(요 16:33).

하나님은 언제나 변함없으신 분입니다(엡 6:23). 그리고 우리에게 하신 언약은 반드시 이루시는 분입니다. 하나님께서 우리를 향하신 사랑도 변함이 없으십니다. 문제는 그리스도인이라 칭함 받는 우리들의 변질입니다. 성경이 말씀하시는 신앙과 삶에 있어서 변질을 보였기에 우리들로 인하여 교회의 영광은 하나님에게서 멀어진 것입니다.

교회가 정직하게 느껴지고 소망이 있음을 드러내는 것은 교회를 이루어가는 그리스도인들의 신앙이 회복되는 것에 있습니다. 말씀의 자리에 서야 하고, 기도의 자리에 있어야 합니다. 무엇보다도 성경이 하나님의 말씀임을 고백하고 흔들리지 않는 신앙을 가져야 합니다. 그래야 하나님의 음성을 들을 수 있고, 하나님을 영화롭게 하며 그를 영원토록 즐거워할 수 있습니다.

"진실한 성도는 그의 면류관을 결코 잃지 않을 것입니다." (스펄전)

오늘 우리의 면류관이 상실되었다고 느껴진다면 우리에게 문제가 있습니다. 그런 의미에서 진실 혹은 정직은 희망의 씨앗입니다. 그리스도인의 별명이 진실한 사람, 정직한 사람이어야 합니다. 법이 없어도 살 수 있는 사람이라는 별명이 있다면 우리는 사회에 희망을 줄 수 있습니다. 이러한 별명은 하나님 앞에 정직하고 말씀에 대한 확신을 가지고 삶 속에서 이웃에게 신뢰 받을 때 이루어집니다. 희망을 주는 성도로 모여, 희망을 주는 교회가 되어서 세상을 비추어 주는 빛이 되어야 합니다.

☕ 깊은 묵상

1. 우리 시대가 추구하는 성공을 위하여 정직하게 행하는 것이 가능하다
고 생각합니까? 정직하게 행하면 세상의 낙오자가 되지 않을까요? 이
러한 현실 가운데 당신의 믿음은 어디에 있습니까?

2. 교회와 그리스도인이 사회에 희망을 주지 못한 것은 정직한 삶을 보여
주지 못했기 때문이라 생각합니다. 당신의 삶은 가까운 가정에서 그리
고 삶의 현장에서 희망을 퍼뜨리고 있습니까?

삶에 적용

아주 작은 부분에서 정직한 삶을 실천해 보시기 바랍니다. 적어도 이번 달은 '거짓말을 하지 말아야지!' 결단을 하고 자신을 점검해 보시기 바랍니다. 또한 그렇게 되지 못하였던 원인이 어디에 있었는지 살펴보고 다시금 시도해 보시기 바랍니다.

1. 가정 :
2. 교회 :
3. 이웃 :

정직한 기도

하나님, 절망 가운데 있는 이 땅에 참된 소망을 줄 수 있는 삶이 될 수 있도록 인도하여 주옵소서. 정직한 성도가 되고, 신뢰 받는 교회가 되어서 이 땅 가운데 하나님의 영광을 나타나게 하옵소서.

미션 뱅크

하나님 보시기에 부끄럽지 않은 말과 행동하기

정직 2 거짓의 열매

땅이 그대로 있을 때에는 네 땅이 아니며 판 후에도 네 마음대로 할 수가 없더냐 어찌하여 이 일을 네 마음에 두었느냐 사람에게 거짓말한 것이 아니요 하나님께로다 (행 5:4)

📖 오늘의 말씀

1 아나니아라 하는 사람이 그의 아내 삽비라와 더불어 소유를 팔아 2 그 값에서 얼마를 감추매 그 아내도 알더라 얼마를 가져다가 사도들의 발 앞에 두니 3 베드로가 이르되 아나니아야 어찌하여 사탄이 네 마음에 가득하여 네가 성령을 속이고 땅 값 얼마를 감추었느냐 4 땅이 그대로 있을 때에는 네 땅이 아니며 판 후에도 네 마음대로 할 수가 없더냐 어찌하여 이 일을 네 마음에 두었느냐 사람에게 거짓말한 것이 아니요 하나님께로다 5 아나니아가 이 말을 듣고 엎드러져 혼이 떠나니 이 일을 듣는 사람이 다 크게 두려워하더라 6 젊은 사람들이 일어나 시신을 싸서 메고 나가 장사하니라 7 세 시간쯤 지나 그의 아내가 그 일어난 일을 알지 못하고 들어오니 8 베드로가 이르되 그 땅 판 값이 이것뿐이냐 내게 말하라 하니 이르되 예 이것뿐이라 하더라 9 베드로가 이르되 너희가 어찌 함께 꾀하여 주의 영을 시험하려 하느냐 보라 네 남편을 장사하고 오는 사람들의 발이 문 앞에 이르렀으니 또 너를 메어 내가리라 하니 10 곧 그가 베드로의 발 앞에 엎드러져 혼이 떠나는지라 젊은 사람들이 들어와 죽은 것을 보고 메어다가 그의

남편 곁에 장사하니 11 온 교회와 이 일을 듣는 사람들이 다 크게 두려워하니라 (행 5:1-11)

🔲 말씀 나누기

"거짓말은 눈덩이와 같다. 때문에 거짓말은 굴릴수록 점점 커져만 간다." (마틴 루터)

거짓은 그 자체가 죄일 뿐 아니라 우리의 정신까지 부패시킵니다. 그러므로 죄를 그대로 남겨 둔다면 우리의 육체와 영혼 모두를 삼키고 말 것입니다. 이것이 바로 거짓이 가져다 주는 열매입니다.

초대 교회가 성장하고 있을 때 교회로 많은 사람이 모였습니다. 그리고 그리스도 안에서 참으로 행복하고 기쁜 삶을 나누었습니다. 그러나 이 가운데 택함 받지 못한 이들의 모습도 함께 있었습니다. 초대 교회 성도들은 서로의 것을 나누어 쓸 정도로 온전한 공동체를 이루었습니다. 누가 보아도 본받을 만한 공동체였습니다. 특별히 물질을 나누는데 있어서 자발적이었습니다. 자원하는 사람들이 풍성하다는 것은 그 공동체가 가지고 있는 건강함을 반증하는 것입니다.

그러나 이러한 공동체 가운데 기생충과 같은 이들이 있었습니다. 아나니아와 삽비라 부부 역시 초대 교회의 성도로서 한 마음으로 물질을 나누어 쓰기로 하였습니다. 그래서 자신의 소유를 팔아서 사도들에게 가져 온 것입니다. 하지만 이들의 행위에는 자원하는 마음보다는 물질에 대한 욕심이 강하였습니다. 그래서 얼마의 돈을 숨긴 것입니다. 베드로는 이러한 부부의 거짓된 마음을 알고 책망을 합니다. 베드로의 책망은 다음 세 가지였습니다. 첫째는 사단이 마음에 가득하였으며, 둘째는 사람이 아니라 삼위 하나님에게 거짓말을 한 것이며, 셋째는 하나님을 시험한 것입니다.

이들의 행위에 대한 하나님의 징계는 죽음이었습니다. 야고보 사도의 말씀처럼 욕심이 잉태한즉 죄를 낳고 죄가 장성한 즉 사망에 이른 본보기를 보여 준 것입니다(약 1:15). 거짓은 하나님의 영광을 가리며 이름을 욕되게 하는 것입니다(레 19:11-12). 거짓이 살아 있는 곳에는 오직 죽음만이 있습니다.

오늘 교회가 성장하면서 많은 사람들이 교회로 모여들었습니다. 이것은 하나님의 선물입니다. 하지만 여기에 보이지 않는 사단의 계략도 함께 있습니다. 그것은 교회에 출석하고 신앙을 갖는 것을 자신의 영광을 위한 보조 수단으로 삼고자 하는 것입니다. 많은 사람들이 전도하면서 외치는 것이 교회 나오면 명예와 부를 얻을 수 있다는 것입니다.

신앙을 가진다는 것은 부나 명예와 아무 관계가 없습니다. 이것은 예수님을 알지 못하는 이들이 갖는 태도입니다. 그런데 일부의 교회가 예수님을 믿으면 부와 명예가 자동적으로 따라 온다고 가르치고 있습니다. 이러한 가르침은 경제 발전기에 아주 효과적이었습니다. 산업화 시기에 우리가 경제적 모델로 삼고 있는 서구의 모습은 기독교였습니다. 그래서 예수 믿으면 우리도 선진국이 될 수 있다는 생각을 가졌습니다. 그러한 산업화 시대의 가치는 교회에 유입되었고 그 효과로 교회는 성장하였습니다. 그러나 이러한 교회의 성장은 절반의 성공입니다. 시간이 지날수록 문제가 드러나기 시작한 것입니다. '나는 할 수 있다.', '불가능이란 없다.' 그리고 긍정의 힘으로 대변되는 신앙의 저변에는 복음의 본질이 사라지고 오직 자본주의적 번영의 신앙만이 자리 잡고 만 것입니다. 이것은 외양적으로는 화려하지만 교회를 죽이는 암 덩어리인 것입니다.

복음에 대한 본질적 고백이 없는 교회는 그 수명이 짧아집니다. 경제적 문화적 가치가 높아지는 시점에 이르면 교회의 허구성이 드러나기 때문입니다. 교회의 허구성은 우리 시대의 아나니아와 삽비라를 통하여 드러납니다. 아나니아와 삽비라는 그리스도의 죽으심과 장차 하나님 앞에 서서 받아야 할 심판에는 관심이 없습니다. 그에게 있어서 십자가를 지고 따라가야 하는 제자의 삶보다는 개인적인 평안과 풍요가 더욱 중요했고, 이것만 이루어진다면 다른 모든 것은 아무 상관이 없었던 것입니다. 그래서 거짓에 대해 둔감해진 것입니다. 수단과 방법이 중요하지 않고 결과만 중요합니다. 그러나 이것은 잠시는 행복하겠지만 결국 멸망에 이를 것입니다. 거짓의 열매는 참혹합니다. 결코 피하여 갈 수 없습니다. 거짓은 그 싹부터 잘라내야 합니다. 거짓은 마귀의 자식입니다. 이들에게 주어진 것은 오직 어두움 가운데서 슬퍼하며 이를 가는 것입니다. 그러므로 가는 길이 어렵고 힘이 들더라도 의의 길로 걸어가는 정직한 그리스도인이 되어야 합니다. 지금 당신은 어느 길에 서 있습니까?

깊은 묵상

1. 거짓의 길이 하나님을 욕되게 하는 길임에도 불구하고 거짓의 길에 서
   는 이유가 무엇이라 생각합니까?

2. 아나니아와 삽비라의 죽음을 통하여 살펴 볼 수 있는 하나님의 성품은
   무엇이라 생각합니까?

🐟 삶에 적용

당신이 관여하고 있는 모든 곳에서 거짓을 몰아내기 위한 투쟁 선언서를 작성하여 보시기 바랍니다. 그리고 그것을 잘 보이는 곳에 걸어 놓읍시다.

1. 가정 :
2. 교회 :
3. 직장 :

🌕 정직한 기도

거짓은 사단의 자식입니다. 거짓에 물들면 하나님을 욕되게 합니다. 우리로 하여금 거짓과 싸워 이길 수 있도록 도와주옵소서.

🧘 미션 뱅크

교통질서 지키기(차선 준수, 정지선 준수, 신호 준수 등)

정직 3 멸망인가? 영광인가?

정직한 자들에게는 흑암 중에 빛이 일어나나니 그는 자비롭고 긍휼이 많으
며 의로운 이로다 (시 112:4)

오늘의 말씀

4 정직한 자들에게는 흑암 중에 빛이 일어나나니 그는 자비롭고
긍휼이 많으며 의로운 이로다 5 은혜를 베풀며 꾸어 주는 자는 잘
되나니 그 일을 정의로 행하리로다 6 그는 영원히 흔들리지 아니
함이여 의인은 영원히 기억되리로다 7 그는 흉한 소식을 두려워
하지 아니함이여 여호와를 의뢰하고 그의 마음을 굳게 정하였도
다 8 그의 마음이 견고하여 두려워하지 아니할 것이라 그의 대적
들이 받는 보응을 마침내 보리로다 9 그가 재물을 흩어 빈궁한 자
들에게 주었으니 그의 의가 영구히 있고 그의 뿔이 영광 중에 들
리리로다 (시 112:4-9)

말씀 나누기

"정직하게 살면 잘살 수 없다."

갤럽 조사에 의하면 아직도 우리나라 사람 중 63%는 '정직' 하게 살면
잘 살 수 없다고 생각합니다. 정직하게 사는 것이 잘 사는 길이 아니라는

사실에 우리도 고개가 끄덕여진다면 참으로 우리는 암울한 사회 가운데 서 있는 것입니다.

성경은 정직자의 후대가 복이 있을 것이라 증언합니다(시 112:2). 이것은 우리 시대의 보편적 가치와는 분명히 다릅니다. 정직하게 살면 흥한다는 것은 하나님 나라의 법칙입니다. 정직하게 산다는 것은 결코 쉬운 것이 아닙니다. 이 길은 이 세상의 길과 분명히 다르기 때문입니다. 세상은 성공을 위하여 수단과 방법을 가리지 않습니다. 권력을 얻을 수 있다면 온갖 방법을 다 동원하여 비방과 술수를 사용합니다.

사람들은 쉽게 가고 빨리 가는 길을 찾습니다. 그리고 그 길을 가기 위하여 온갖 더러움을 다 사용합니다. 그러나 이 길은 결코 하나님이 기뻐하는 길이 아닙니다. 하나님의 사람들은 빨리 가는 것이 아니라 정도로 가는 것을 추구하는 자들입니다. 쉽게 사는 자는 쉽게 망합니다. 그러나 정도로 걷는 자는 결코 망하지 않습니다.

정도로 걷는 것은 어렵습니다. 그러나 어려운 만큼 그 열매는 더욱 풍성합니다. 하나님의 약속의 말씀이 우리에게 있기 때문입니다. 많은 사람들이 쉽고 가벼운 길로 가고 넓은 길로 가고자 합니다. 그러나 성경은 좁은 길로 가라고 합니다. 어렵지만 그 길이 정도라면 당장의 모습에 안주하여서는 안 되는 것입니다. 정도가 아니면 부패한 우리의 본성은 거짓을 만들어내고 포장하여 말하고 부풀려서 이야기합니다. 그러나 이것은 슬피 울며 이를 갈게 됩니다. 그러기에 더디지만 정도로 가야하는 이유가 여기에 있습니다. 정직한 삶이 하나님의 복을 누리는 가장 빠른 길입니다.

성경은 정직한 자에게 주어지는 영광을 약속합니다.

"정직한 사람은 어둠 속에서도 빛이 비칩니다. 어질고 자비롭고 의로운 자입니다. 은혜를 베풀며 꾸어 주는 자입니다. 모든 일이 잘 됩니다. 일을 공평하게 처리합니다. 그런 사람은 영원히 흔들리지 않습니다. 영원히 기억됩니다. 그는 나쁜 소식을 두려워하지 않습니다. 그의 마음은 확고하여 두려움이 없습니다. 그는 대적이 망하는 것을 볼 것입니다. 그는 가난한 사람들에게 넉넉하게 나누어 주는 자입니다. 그의 의로움은 영원히 기억됩니다. 그는 영광을 받으며 높아질 것입니다."

참으로 복되고 아름다운 열매입니다. 정직하게 사는 길은 망하는 길이 아닙니다. 정직하게 사는 길은 영광을 받고 높아지는 길입니다. 우리는 늘 세상의 소리와 하나님의 소리 앞에 서서 우리의 길을 결정하고 가야 합니다.

그런데 오늘 우리의 삶은 어떠합니까? 정직하게 살면 망한다는 속설이 진리인 양 퍼져 있는 현실에서 정직한 자가 영광을 받을 것이라는 하나님의 소리에 어떻게 빈응하시겠습니까? 정직한 사람은 어두움 속에서 빛을 내는 사람입니다. 이 빛은 모두가 길을 잃고 가고 있을 때 바른 길이 어디인가를 나타내는 길입니다.

3%의 소금이 바닷물을 짜게 합니다.

이것은 우리에게 많은 도전을 줍니다. 교회가 많은 것이 문제의 해답이 아닙니다. 지금 우리에게 필요한 것은 3%의 정직한 그리스도입니다. 속임과 부정직은 반드시 그에 대한 대가를 치릅니다. 당장에는 유익인 것처럼 보이나 결국에는 자신에게 손해가 됩니다. 이것이 당장 손해를 보더라도 정직하게 살겠다는 결단이 필요한 이유입니다.

정직하면 잘 살 수 없다는 속설은 하나님의 나라를 허무는 일입니다. 그리스도인은 이러한 시대의 정신을 정면으로 맞서며 살아야 합니다. 우리에게는 정직한 자가 형통할 것이라는 하나님의 약속이 있습니다. 그의 후대가 복이 있을 것이라는 선물이 있습니다. 역사 가운데 기념되는 아름다운 사람으로 우리는 부름을 받았습니다. 작은 곳에서 실천되어진 정직은 큰 곳을 변화시킬 것입니다. 이 길이 좁은 길이지만 하나님의 영광이 드러나는 길입니다. 이 길을 기쁨으로 가는 이가 바로 예수님의 사람입니다.

깊은 묵상

1. 당신이 지금까지 걸어온 길에 대하여 어떠한 평가를 내릴 수 있습니까?

2. "정직한 자들에게는 흑암 중에 빛이 일어나나니" 말씀합니다. 이 말씀
   이 구체적으로 무엇을 의미하는 것이라 생각합니까? 그리고 이 말씀이
   당신에게 주는 교훈은 무엇입니까?

하나님은 정직하게 사는 자에게 영광의 약속을 주셨습니다. 그리스도인은 모두 이 약속을 받은 자입니다. 그렇기에 정직하게 살려는 열심이 있어야 합니다. 당신의 삶 가운데 정직하지 못한 부분이 있다면 무엇입니까? 순서를 정하시고 정직의 길로 나가시기 바랍니다.

1. 가정 :
2. 교회 :
3. 이웃 :

☺ 정직한 기도

정직한 자가 잘 살 수 없다는 이러한 세상의 소리에 미혹되지 않게 하시고 정직한 자에게 주시는 하나님의 약속을 기억하면서 삶의 현실에서 정직을 실천할 수 있도록 도우소서.

🖼 미션 뱅크

A4 용지, 복사기 등 회사의 물건을 개인 용도로 사용하지 않기

정직 4 정직 훈련소

악한 자의 집은 망하겠고 정직한 자의 장막은 흥하리라 (잠 14:11)

오늘의 말씀

9 미련한 자는 죄를 심상히 여겨도 정직한 자 중에는 은혜가 있느니라 10 마음의 고통은 자기가 알고 마음의 즐거움도 타인이 참여하지 못하느니라 11 악한 자의 집은 망하겠고 정직한 자의 장막은 흥하리라 12 어떤 길은 사람이 보기에 바르나 필경은 사망의 길이니라 (잠 14:9-12)

말씀 나누기

"가정은 민족의 행운의 원천이며, 동시에 불운의 원천이다." (마틴 루터)

마틴 루터의 말과 같이 가정은 민족에 있어서 행운과 불행의 원천임을 부정할 수 없습니다. 가정은 위대한 자가 작게 되고 작은 자가 위대하게 되는 곳입니다. 그러므로 가정에 대하여 소홀히 하는 자는 결코 건강한 삶을 살 수 없습니다. 대지의 작가인 펄벅은 말하기를 "가정은 나의 대지이다. 나는 거기서 나의 정신적인 영양을 섭취하고 있다."고 하였습니다. 가정을 통하여 대부분의 정신적인 영양분을 섭취합니다. 가정이 어떠하냐는 그 사람의 삶을 주관합니다. 그러므로 누구든지 가정에 대하여 책임을 가지고 있지 않으면 불행의 열매를 먹게 됩니다.

가정은 우리가 알아야 할 대부분의 것들을 배우는 훈련소입니다. 신앙과 인간에 대한 이해, 삶의 목적, 사랑, 나눔, 섬김 등 인간됨의 모든 것을 가정을 통하여 만나고 배우게 됩니다. 그러므로 어떠한 가정에서 무엇을 훈련 받았느냐가 중요합니다. 특별히 그리스도인은 가정을 그 무엇보다도 소중하게 여겨야 합니다. 가정을 통하여 하나님의 나라가 꽃을 피기 때문입니다. 가정이란 아기의 울음소리와 어머니의 노래소리가 들리는 곳입니다. 가정이란 따뜻한 심장과 행복한 눈동자가 마주치는 곳입니다. 가정이란 서로의 성실함과 우정과 도움이 만나는 곳입니다. 가정은 인간이 처음 접하는 학교, 처음 접하는 교회입니다. 거기서부터 무엇이 바르고 무엇이 사랑인지를 배우게 됩니다.

교회가 큰 가정이라면, 가정은 작은 교회입니다. 작은 교회로서 가정은 하나님의 영광을 드러내는 사명을 가지고 있습니다. 가정이 하나님의 영광을 위하여 정직하지 않다면 교회와 민족은 소망이 없습니다. 가정이 무너진 교회와 사회는 소망의 꽃을 기대할 수 없습니다. 그러므로 무엇보다도 가정을 소중히 여겨야 합니다. 가정은 교회와 사회에 나가기 전에 어떻게 살아야 하는가를 미리 배우는 곳입니다. 가정이 건강하지 않고 거짓과 술수 그리고 폭력에 노출되어 있다면 그 가정을 통하여 나타나는 열매는 암울한 것입니다. 하지만 가정이 철저하게 믿음의 길에 서고 정직함을 공유하고 있다면 밝은 희망의 꽃을 기대할 수 있습니다.

그러므로 그리스도인은 더욱더 가정을 소중하게 여겨야 합니다. 하나님은 가정을 통하여 하나님의 나라를 이끌어 가도록 하십니다. 가정이 없는 교회는 상상할 수 없습니다. 가정은 하나님의 섭리이시며 구원 역사의 시작입니다. 특별히 그리스도인의 가정은 죄와 은혜에 대하여 바르게 알아야 합니다. 고난과 하나님이 주시는 위로와 즐거움을 가지고 있어야 합니다. 정직한 자의 가정과 악한 자의 가정의 결과를 알고 있어야 합니다. 메튜 헨리는 말합니다.

● ● ● 악한 자는 훌륭한 집도 망하게 한다. 의는 아주 보잘것없는 가문도 흥하게 하며 견고하게 한다. 정직한 자의 장막은 아무리 접고 펴는 누추한 것이라도 무한하신 지혜가 선히 보시기만 하면 흥할 것이다.

정직한 자의 가정은 흥할 것입니다. 그리고 정직한 가정을 통하여 정직한 공동체가 형성될 것이고 흥하는 민족을 이루게 될 것입니다. 정직한 가정을 향한 하나님의 약속은 아주 분명하고 현실적입니다. 에디스 쉐퍼는 가정의 정의를 다음과 같이 내렸습니다.

● ● ● 첫째, 가정은 인간이 태어나서 성장하는 곳이다.
둘째, 가정은 가족들의 피난처요 보금자리다.

셋째, 가정은 사람에게 필요한 돈을 벌고 쓰는 곳이다.

넷째, 가정은 문화를 창조하는 중심지다.

다섯째, 가정은 인간생활에 가장 귀중한 것들을 많이 기억하게 하는 기억의 박물관이다.

여섯째, 가정은 영원한 인간관계가 형성되고 출발하는 곳이다.

일곱째, 가정은 신앙의 출발지이면서 완성지다."

특별히 가정을 문화 창조의 중심이며, 영원한 인간관계가 형성되고 출발하는 곳임을 강조한 것은 매우 의미 있습니다. 가정에서부터 정직한 문화와 정직한 관계를 몸에 익히면 사회는 그 열매를 누릴 수 있습니다. 이것은 가정이 정직한 문화를 양성하는 훈련소임을 증거하는 것입니다.

우리 시대는 가정에 대하여 점점 소홀해지는 구조를 가지고 있습니다. 자본주의 시대의 특징은 가정이 아니라 개인이 중요하게 여겨집니다. 그래서 가정의 역할을 자꾸 축소해 버립니다. 그리고 다른 것으로 대체하고 있습니다. 가정이 깨지거나 그 역할을 감당하지 않으면 교회도 아픔을 갖게 됩니다. 궁극적으로 사회의 불안은 지속되는 것입니다.

가정은 신앙의 출발지이자 완성지일뿐 아니라 정직의 훈련소입니다. 어느 것 하나 양보할 수 없는 것입니다. 정직은 일상의 시작인 가정에서 훈련되고 실행되어야 합니다. 말과 행동 그리고 관계, 모든 것에 있어서 편법이 아닌 정직의 도를 나눌 때 희망의 나라를 기대할 수 있습니다.

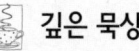 **깊은 묵상**

1. 가정은 신앙의 출발지이자 완성지일 뿐 아니라 정직의 훈련소라는 주장에 대하여 당신은 어떻게 생각합니까? 또한 정직한 삶에 있어서 가정은 당신에게 어떠한 영향을 주었습니까?

2. 가정이 당신에게 준 가장 큰 영향은 무엇입니까? 그리고 가장 아쉬운 것은 무엇입니까?

가정은 민족의 행복과 불행을 만들어내는 하나님의 걸작품입니다. 가정에서 정직함에 대한 가르침이 살아 있다면 민족의 내일은 희망이 있습니다. 그런 의미에서 정직의 훈련소로서 가정을 만들어야 합니다. 무엇이 희망을 낳는 가정을 만들 수 있을까요?

1. 가정 :
2. 교회 :
3. 개인 :

☺ 정직한 기도

우리에게 천국을 맛볼 수 있도록 가정을 주신 하나님께 감사를 드립니다. 이 가정이 교회와 민족을 살릴 수 있도록 영적인 훈련소로서의 역할을 잘 감당할 수 있도록 인도하옵소서.

🖼 미션 뱅크

공적인 모임(예배, 회의 등)의 시간 잘 지키기

소명과 영광

여호와는 의로우사 의로운 일을 좋아하시나니 정직한 자는 그의 얼굴을 뵈오리로다 (시 11:7)

오늘의 말씀

1 내가 여호와께 피하였거늘 너희가 내 영혼에게 새 같이 네 산으로 도망하라 함은 어찌함인가 2 악인이 활을 당기고 화살을 시위에 먹임이여 마음이 바른 자를 어두운 데서 쏘려 하는도다 3 터가 무너지면 의인이 무엇을 하랴 4 여호와께서는 그의 성전에 계시고 여호와의 보좌는 하늘에 있음이여 그의 눈이 인생을 통촉하시고 그의 안목이 그들을 감찰하시도다 5 여호와는 의인을 감찰하시고 악인과 폭력을 좋아하는 자를 마음에 미워하시도다 6 악인에게 그물을 던지시리니 불과 유황과 태우는 바람이 그들의 잔의 소득이 되리로다 7 여호와는 의로우사 의로운 일을 좋아하시나니 정직한 자는 그의 얼굴을 뵈오리로다 (시 11:1-7)

말씀 나누기

"터가 무너지면 의인이 무엇을 할꼬."

터가 없는 곳에 기둥을 세우고 집을 짓는 것은 불가능합니다. 지도자로서 자격을 가지고 있다고 하더라도 지도력을 펼 수 있는 터전이 없다면 참으로 슬픈 일입니다. 다윗이 처하여 있는 상황이 이와 같았습니다. 그래서 산으로 도망가서 피하여 있으라고 말합니다. 살아 있어야 일을 할 수 있는 것이 아니냐고 말합니다. 아주 친근하고 논리적인 말이지만 이것은 하나님을 향한 믿음을 가진 다윗을 조롱하는 것입니다. 터가 없는데 하나님이 무슨 소용이 있느냐는 것입니다.

우리도 이러한 조롱에 빠질 수 있습니다. 먹고 사는 것도 힘든데 무슨 진리고 정직이냐고 말을 합니다. 일단은 먹고 사는 것부터 해결하고 정직이니 진리니 하는 것을 생각하자고 말합니다. 그래서 무슨 수단을 써서라도 성공해야 한다는 것입니다. 교회도 동일합니다. 일단 교회가 세워지는 것이 중요하지 어떻게 세워지는지는 덜 중요하다고 말합니다. 아주 실리적인 말입니다. 마치 수험생을 둔 일부 부모들이 하는 말과 같습니다. 이들은 우선 대학에 들어가는 것이 중요하지 예배를 드리는 것이 우선순위가 아니라고 말합니다. 그리고 그렇게 해서 좋은 대학에 들어가면 하나님의 은혜라고 말합니다. 과정은 상관없이 결과를 가지고 모든 것을 평가하는 건강하지 못한 모습들을 가지고 있습니다.

우리는 이러한 건강하지 못한 교회와 성도 그리고 사회 가운데 있습니다. 그런데 누구도 이러한 현실 앞에 눈물을 흘리지 않고 있습니다. 정직한 사회를 위한 눈물의 통곡이 있어야 합니다. 그렇지 않으면 온갖 추악함이 난무하는 세대가 됩니다. 부정으로 학교를 간 친구들이 법관이 되고, 경영

자가 되고, 교사가 되고, 정치인이 되고, 통수권자가 된다면 그 사회가 어떤 사회가 되겠습니까? 어두움이 짙게 깔린 사회는 뻔한 열매입니다. 그러므로 통곡의 눈물이 필요한 것입니다.

그러나 이 눈물에 앞서서 오늘 교회는 통곡할 정직이 있는가 생각해야 합니다. 교회는 과연 역사 앞에 정직하였는가? 성도는 세상 가운데 정직하였는가? 결코 피할 수 없는 것입니다. 정직하게 우리의 역사를 보면 교회 역시 정직이란 단어 앞에 많은 부끄러움을 가지고 있습니다. 사회가 부정한 것은 정직한 삶의 기준을 보여 주는 일들이 없기에 그런 것입니다. 이것은 수없이 많은 교회가 이 역할을 잘 감당하지 못하였다는 반증입니다.

교회 지도자를 통하여 정직을 보지 못한 성도가 세상 가운데 정직을 보여 주는 삶을 살기란 불가능합니다. 정직의 영광을 알고 있는 그리스도인들이 정직을 보여 주지 않으면 세상은 정직을 알 수 없습니다. 그러므로 오늘 우리에게 필요한 것은 정직의 회복입니다. 정직이 회복되지 않고는 참된 교회와 민족의 부흥과 개혁은 없습니다.

또 하나의 교회, 또 한 사람의 목사, 또 한 사람의 성도가 중요한 것이 아닙니다. 정직하지 못한 교회와 목사 그리고 성도는 어쩌면 또 하나의 공해일지 모릅니다. 하나님이 기뻐하시는 것은 화려한 예배가 아니라 공의와 인내와 자비입니다. 그리고 정직과 사랑입니다. 이것이 회복되면 사회는 개혁되어집니다.

오늘 이 사명이 우리에게 주어졌습니다. 이것을 정확하게 알아야 정직한 통곡을 할 수 있습니다. 정직한 통곡이 있으면 정직한 사회로의 희망이 보이는 것입니다. 그러면 부흥을 기대할 수 있습니다. 이 땅의 교회들이 그리고 그리스도인들이 정직하지 못함에 대하여 회개하여야 합니다. 수없이 많은 소리보다 한 마디의 정직한 회개가 필요한 시대입니다. 하나님은 지금 이 시대의 악함을 보면서 교회를 향하여 사랑과 정직이 회복된 교회와 성도가 되라고 말씀하고 있습니다.

하나님은 우리들을 이 시대 가운데 부르셔서 교회가 되게 하였습니다. 어두움이 난무하는 곳에 그리스도의 빛을 증거하라고 하십니다. 부패하여 썩어진 곳에 소리 없는 소금이 되라고 말하고 있습니다. 이 땅의 소망이 그리스도인에게 있습니다. 교회에 있습니다. 이 사실이 가슴에 사무치지 않으면 우리는 소망이 없는 자입니다. 그리고 정직하지 못한 자입니다. 결국 기도하지 않는 자입니다. 무늬만 그리스도인입니다. 익명의 그리스도인입니다. 종교적 그리스도인입니다. 생명을 낳는 자가 아닙니다. 하나님은 우리를 그러한 존재로 부르시지 않았습니다. 우리를 통하여 하나님의 거룩한 나라를 이루어 가시려고 우리를 부르셨습니다. 의인은 무너지지 않습니다. 그러나 악인은 불과 유황과 태우는 바람으로 사라질 것입니다. 그러므로 어떠한 조롱에도 흔들리지 않고 하나님의 영광을 나타내는 소명을 감당해야 합니다.

1. 우리 시대의 교회와 영적인 터는 어떠하다고 생각합니까? 그렇게 생각
   하는 이유가 무엇이라 생각합니까?

2. "여호와는 의로우사 의로운 일을 좋아하시나니 정직한 자는 그의 얼굴
   을 뵈오리로다" (시 11:7) 이 말씀이 어떠한 위로를 줍니까?

말씀을 묵상하였습니까? 교회와 사회를 향한 통곡의 눈물이 아직 남아 있다면 이 시간 간절하게 기도할 수 있기를 바랍니다. 나와 교회 그리고 사회와 민족을 위한 구체적인 기도를 기록하시고 중보기도하시기 바랍니다.

1. 가정 :
2. 교회 :
3. 이웃[국가] :

☺ 정직한 기도

이 땅 가운데 세워진 교회와 영적인 터가 견고할 수 있도록 도와주옵소서. 거짓되고 부패한 것들이 사라지고 하나님의 거룩함의 터가 회복되도록 긍휼을 베풀어 주옵소서.

🧘 미션 뱅크

영수증 정직하게 주고받기(현금 영수증, 기부금 영수증 등)

정직 6 정직자의 고백

그는 정직한 자를 위하여 완전한 지혜를 예비하시며 행실이 온전한 자에게
방패가 되시나니 (잠 2:7)

오늘의 말씀

6 대저 여호와는 지혜를 주시며 지식과 명철을 그 입에서 내심이
며 7 그는 정직한 자를 위하여 완전한 지혜를 예비하시며 행실이
온전한 자에게 방패가 되시나니 8 대저 그는 정의의 길을 보호하
시며 그의 성도들의 길을 보전하려 하심이니라 9 그런즉 네가 공
의와 정의와 정직 곧 모든 선한 길을 깨달을 것이라 (잠 2:6-9)

말씀 나누기

한국의 KBS와 영국의 BBC가 공동으로 주관하여 만든 '세계는 신을
어떻게 생각하는가?'라는 프로그램에서 한국은 조사대상 10개 국가 가운
데 무신론자가 가장 많으며 신자 가운데 목숨을 바칠 수 있는 사람이 12%
로 가장 적은 것으로 나타났습니다.

기독교가 전 인구의 20%를 차지한다는 통계도 있었고, 선교사를 세계

에서 두 번째로 많이 보낸 나라이지만 이번 보고서를 통하여 본다면 한국 교회는 서서히 파산되어가고 있는 것으로 보여집니다. 그러나 어찌 보면 이미 예견된 것인지 모릅니다. 한국 교회는 정직한 복음을 선포하는 것을 두려워하고 있습니다. 오직 부자 되는 일에 도움이 되는 말만 열심히 해 왔습니다. 이렇게 기독교는 정도를 벗어난 채 오랫동안 달려 왔습니다. 그 동안 교회는 살림살이가 커졌으며, 건물도 많아지고, 교육관과 기도원 그리고 묘지에 이르기까지 엄청난 부를 가진 집단이 되었습니다. 그런데 말씀은 사라지고 종교만 남았다는 평가를 받는 것입니다. 교회당은 있고 사람들은 있지만 구원받은 백성은 찾기가 어렵습니다.

이것이 현실입니다. 바울은 사나 죽으나 주의 것이라고 하였지만(롬 14:8) 오늘 우리들은 사나 죽으나 모든 것을 나의 것으로 살고 있습니다. 그래서 교회는 다니면서도 하나님을 믿지 않습니다. 하나님을 믿지 못하니 그를 위하여 죽을 수 없습니다. 일사각오의 신앙이 없다면 심각하게 우리의 신앙을 돌아보아야 합니다. 나의 신앙은 어떠한 신앙인가? 아직도 자신의 영달과 마음의 평안 그리고 취미와 사업을 위하여, 친교의 수단으로 다니고 있다면 오랜 시간 교회당에 있어도 반드시 슬피 울며 이를 가는 결과만 주어질 것입니다. 복음은 값싼 것이 아닙니다. 복음은 그리스도의 피의 열매입니다. 이 놀라운 사실을 알지 못한다면 그는 살아 있으나 이미 죽은 자입니다.

복음에 합당하게 반응하며 사는 것은 살아 있다는 반응입니다. 특별히 살아 있는 신앙은 하나님 앞에 정직한 자세를 가진 신앙입니다. 정직한 신앙은 어떠한 불의 앞에서도 당당하게 대적할 수 있습니다. 하나님은 정직한 자에게 지혜가 되십니다. 무엇을 해야 할지 알려 주시는 분입니다. 그러므로 항상 기대감을 갖는 삶을 삽니다. 또한 하나님은 정직한 자에게 방패가 되십니다. 고대 전쟁에서 방패의 역할은 막중합니다. 생명을 지켜 주는 가장 중요한 무기입니다. 그런데 이러한 생명을 보호하는 방패의 역할을 하나님이 해 주신다는 것입니다. 그리고 가야 할 길을 보호하여 주십니다.

지혜와 방패가 되시고 가야 할 길을 지켜 주신다면 우리는 보이는 것으로 인하여 두려워할 필요가 없습니다. 창조주이시며 만국의 왕이신 하나님에 대하여 정직한 신앙고백을 가지고 있다면 우리는 일사각오의 삶을 살 수 있습니다.

● ● ● 주님 나를 위하여 십자가를 지셨습니다. 주님은 최후의 한 방울까지도 다 쏟으셨습니다. 주님은 이렇게 나 위하여 죽으셨거늘 내 어찌 죽음을 무서워하리요. 나는 일사의 각오와 다짐이 있을 뿐입니다.

사랑하는 나의 교우 여러분!

그리스도의 사람은 살아도 그리스도인답고, 죽어도 그리스도인다워야 합니다. 죽음이 두려워서 예수를 버리지 맙시다. 풀의 꽃 같이 시들어 떨어질 목숨을 아끼다가 지옥에 떨어질까 두렵습니다. 더럽게 무릎을 꿇고 사는 것보다 차라리 죽고 또 죽어 주님을 향한 각오와 다짐과 정절을 지켜 나갑시다.

다만 나에게는 일사의 각오와 결의가 있을 뿐입니다.

주기철 목사님이 쓰신 일사각오에 대한 글입니다. 사도 바울의 가르침대로 사나 죽으나 주의 것임을 보여 주신 분입니다. 그리고 역사는 주기철 목사님을 영광스러운 자리로 이끌어내셨습니다.

우리가 살고 있는 이 땅은 정직한 그리스도인이 살기에 결코 쉽지가 않습니다. 더구나 영향력 있는 자리에 오른다는 것은 더더욱 힘이 듭니다. 그래서 적당히 타협을 하면서 살아갑니다. 하지만 이것은 그리스도의 십자가를 부끄럽게 만드는 일입니다. 그리스도인답게 살고 죽을 수 있는 정직한 고백이 있다면 우리는 정직한 삶의 자리에서 도망가지 않을 것입니다. 그 길이 좁고 힘든 길이라 할지라도 담대하게 걸어갈 것입니다. 이것이 정직한 그리스도인의 고백입니다.

📋 깊은 묵상

1. 예수 그리스도는 당신에게 어떠한 존재입니까? 당신은 목숨을 걸고 믿음의 길을 갈 수 있습니까?

2. 정직하게 사는 것이 좁고 힘들고 쉽지 않은 길이며, 눈에 보이는 열매를 주지 않는다 할지라도 갈만한 가치가 있다고 생각합니까?

🐬 삶에 적용

일사각오의 신앙이 있다면 결코 부끄러운 신앙인이 되지 않을 것입니다. 당신의 신앙의 모습을 평가해 보십시오. 당신은 일사각오의 신앙을 가지고 있습니까? 지금 당신이 하고 있는 모든 것들이 무엇을 위한 것입니까? 정직하게 나의 신앙을 돌아보고 회복하여야 할 것이 무엇인지 기록하시기 바랍니다.

1. 가정 :
2. 교회 :
3. 이웃[직장] :

🌑 정직한 기도

죽으나 사나 주의 것이라는 이 고백이 입술의 고백으로 끝나지 않고 삶의 고백으로 나타나도록 인도하여 주옵소서.

🏯 미션 뱅크

각종 부정행위(청탁/ 뇌물수수/ 컨닝 등)에 가담하거나 방조하지 않기

합당한 삶 (책임)

■ 기윤실에서는 **책임**을 다음과 같이 정의합니다.

책임은 자기 스스로에게 떳떳하고 부끄러움이 없이 실행한다는 'Accountabililty' 와 다른 사람들과의 관계에 대해서 해야 할 일을 성실하고 신실하게 감당한다는 의미에서 'Responsibility' 를 포괄하는 가치입니다. 책임을 가진 사람들은 아무도 보는 이 없는 곳에서도 하나님을 의식하며 책임 있게 실행할 뿐만 아니라 다른 사람들과의 상호의존적인 사회적 관계 속에서 책임을 다하는 삶을 실행합니다.

오늘까지 날이 오래도록 너희가 너희 형제를 떠나지 아니하고 오직 너희의 하나님 여호와께서 명령하신 그 책임을 지키도다 (수 22:3)

책임 1 약속과 책임

이르되 이스라엘의 하나님 여호와여 위로 하늘과 아래로 땅에 주와 같은
신이 없나이다 주께서는 온 마음으로 주의 앞에서 행하는 종들에게 언약을
지키시고 은혜를 베푸시나이다 (왕상 8:23)

오늘의 말씀

22 솔로몬이 여호와의 제단 앞에서 이스라엘의 온 회중과 마주서
서 하늘을 향하여 손을 펴고 23 이르되 이스라엘의 하나님 여호
와여 위로 하늘과 아래로 땅에 주와 같은 신이 없나이다 주께서
는 온 마음으로 주의 앞에서 행하는 종들에게 언약을 지키시고
은혜를 베푸시나이다 24 주께서 주의 종 내 아버지 다윗에게 하
신 말씀을 지키사 주의 입으로 말씀하신 것을 손으로 이루심이
오늘과 같으니이다 (왕상 8:22-24)

말씀 나눔

"저 사람 믿을 만하다."

대화를 하다보면 종종 이러한 소리를 듣습니다. 그렇다면 과연 어떤 사
람이 믿을 만한 사람입니까? 다양한 답변이 있겠지만 분명한 사실은 믿음
을 주는 사람이 믿을 만한 사람입니다. 그런데 믿음을 주는 사람이 가지고
있는 큰 특징이 하나 있습니다. 그것은 약속을 지키는 사람입니다. 상황에

따라 변명하지 않고 최선을 다하여 지키려고 합니다. 반면에 믿을 수 없는 사람이 있습니다. 이 사람은 자신에게 주어진 상황에 따라 그때그때 달라집니다. 삶의 일관성을 찾아 볼 수 없습니다. 또한 자신의 말에 과장도 심합니다. 타인에게 믿음을 주는 것은 자신의 말에 책임을 지는 것입니다. 아주 작은 부분에서 자신에게 주어진 일에 대하여 책임을 다하는 것입니다. 자신이 행한 일에 대하여 책임을 지지 않는다면 다른 모든 일에 있어서도 동일한 결과를 가지게 될 것입니다. 결국 사람들의 입에 오르내릴 것이며 퇴출되는 인생이 될 수 있습니다. 그러므로 약속은 그 사람의 신용을 평가하는 잣대입니다. 약속한 일에 대하여 반드시 지키는 사람이 되어야 합니다.

솔로몬은 성전을 건축하고 하나님께 봉헌한 후에 하나님을 향한 찬양 가운데 아주 놀라운 고백을 합니다. 그것은 하나님은 언약을 지키시고 은혜를 베푸시는 분이라는 고백입니다. 열왕기상 8장 22-24절입니다.

● ● ● ● 22 솔로몬이 여호와의 제단 앞에서 이스라엘의 온 회중과 마주서서 하늘을 향하여 손을 펴고 23 이르되 이스라엘의 하나님 여호와여 위로 하늘과 아래로 땅에 주와 같은 신이 없나이다 주께서는 온 마음으로 주의 앞에서 행하는 종들에게 언약을 지키시고 은혜를 베푸시나이다 24 주께서 주의 종 내 아버지 다윗에게 하신 말씀을 지키사 주의 입으로 말씀하신 것을 손으로 이루심이 오늘과 같으니이다

솔로몬은 하나님에 대하여 분명한 확신이 있었습니다. 솔로몬이 고백한 하나님은 위로 하늘과 아래로 땅에 오직 한 분입니다. 솔로몬의 유일신 신앙을 볼 수 있습니다. 또한 말씀하신 것은 반드시 지키시는 언약의 하나님임을 알았습니다. 솔로몬의 이러한 고백은 매우 중요합니다. 솔로몬이 시련의 시간을 이겨낼 수 있었던 힘은 바로 언약의 하나님에 대한 믿음이 있었기 때문입니다. 솔로몬은 이 사실을 알았고 확신하였기에 성전을 건축하였고 봉헌하며 고백한 것입니다.

우리의 영원한 아버지이신 하나님은 약속하신 것을 반드시 이루십니다. 하나님께서 보여 주신 약속의 절정은 바로 예수 그리스도입니다. 하나님은 예수 그리스도를 통하여 약속을 이루셨습니다. 솔로몬의 하나님은 바로 우리의 하나님이십니다.

하나님은 우리가 어떻게 살아야 하는지를 보여 주셨습니다. 이 사실이 삶의 각 영역에서 책임 있는 삶을 살아야 하는 이유이기도 합니다. 그러므로 우리의 말에 정직해야 합니다. 그리고 우리가 행한 것에 대하여 책임을 져야 합니다. 더욱이 그리스도의 이름으로 약속한 모든 것은 어떠한 것이라도 지켜야 합니다. 자신이 행한 말을 소홀히 여기고 온갖 변명과 합리화로 상황들을 모면해 가는 것은 하나님의 형상을 가진 자로서 참으로 부끄러운 일입니다. 그러한 사람에게 영향력을 기대하는 것은 불가능합니다. 그런 의미에서 도산 안창호 선생의 이야기는 우리에게 많은 도전을 줍니다.

• • • '거짓말을 하지 말라. 농담일지라도 거짓을 말하지 말라.' 이 말은 민족의 교육자요, 정치가이며, 신앙가였던 도산 안창호 선생 일생의 좌우명이었습니다. 도산 선생은 이 말씀의 철저한 실행 때문에 왜경에게 붙들려 돌아가셨다 해도 과언이 아닙니다. 선생의 상해 망명 시절, 한 동지의 16세 된 아들의 생일 축하 자리에 참석하기로 약속이 되어 있었습니다. 사전에 이를 탐지한 왜경이 그 집 주변에 잠복하였습니다. 한편 주위에서 선생의 참석을 극구 말렸습니다.

"선생님, 이번에 가시면 체포되십니다."

"그래도 가야 하네."

"애들 생일 축하 자리인데 뭘 그리 심각하게 생각하십니까?"

"작은 약속이라도 반드시 지켜야 하네."

결국 선생은 그곳에 갔다가 체포되셨습니다.

도산 선생이 민족의 지도자가 될 수 있었던 힘은 바로 약속에 대한 책임입니다. 도산 선생의 이러한 모습이 역사 가운데 꺼지지 않는 영향력을 준 것입니다.

하나님은 우리에게 이러한 삶을 요구하십니다. 하나님의 사람으로서 꺼지지 않는 영향력을 발휘하길 원하십니다. 약속이 무너진 가정과 사회 그리고 교회를 생각해 보시기 바랍니다. 그 자체가 황폐화 된 사막과 같은 것입니다. 약속은 모든 관계의 핵심입니다. 우리는 약속으로 만나고 살아갑니다. 약속이 신실하게 살아있다면 삶은 소망이 있습니다. 약속은 모든 공동체가 살아가는 원동력입니다.

깊은 묵상

1. 언약의 하나님이라는 사실이 당신의 신앙과 교회에 주는 교훈은 무엇입니까?

2. 약속이 무너질 때 나타나는 가장 큰 피해는 무엇이라고 생각합니까? 그리고 약속에 대한 책임이 그렇게 중요한 이유가 무엇이라고 생각합니까?

🐬 삶에 적용

작은 약속이라도 책임 있게 실천하였을 때 열매는 반드시 맺게 되어 있습니다. 우리의 각 영역에서 약속에 대하여 책임 있게 감당하지 못한 부분과 감당해야 하는 부분이 있다면 무엇인지 기록하고 실행에 옮기시기 바랍니다.

1. 가정 :
2. 교회 :
3. 이웃(직장,학교) :

☺ 정직한 기도

언약의 하나님을 믿는 자답게 살게 하시고 우리에게 주어진 삶의 모든 영역에서 책임 있는 그리스도인으로 살 수 있도록 인도하옵소서. 연약하여 쓰러실 수 있는 자이오니 성령 하나님의 크신 사랑으로 함께 하셔서 하나님의 영광을 위해 책임지는 그리스도인이 되게 하소서.

🧦 미션 뱅크

물건 구매 시 꼭 필요한 물건인지 한 번 더 생각하기

책임 2 영적 파수꾼

인자야 내가 너를 이스라엘 족속의 파수꾼으로 삼음이 이와 같으니라 그런
즉 너는 내 입의 말을 듣고 나를 대신하여 그들에게 경고할지어다 (겔
33:7)

📖 말씀 묵상

1 여호와의 말씀이 내게 임하여 이르시되 2 인자야 너는 네 민족에게 말하여 이르라 가령 내가 칼을 한 땅에 임하게 한다 하자 그 땅 백성이 자기들 가운데의 하나를 택하여 파수꾼을 삼은 3 그 사람이 그 땅에 칼이 임함을 보고 나팔을 불어 백성에게 경고하되 4 그들이 나팔 소리를 듣고도 정신차리지 아니하므로 그 임하는 칼에 제거함을 당하면 그 피가 자기의 머리로 돌아갈 것이라 5 그가 경고를 받았던들 자기 생명을 보전하였을 것이나 나팔 소리를 듣고도 경고를 받지 아니하였으니 그 피가 자기에게로 돌아가리라 6 그러나 칼이 임함을 파수꾼이 보고도 나팔을 불지 아니하여 백성에게 경고하지 아니하므로 그 중의 한 사람이 그 임하는 칼에 제거 당하면 그는 자기 죄악으로 말미암아 제거되려니와 그 죄는 내가 파수꾼의 손에서 찾으리라 7 인자야 내가 너를 이스라엘 족속의 파수꾼으로 삼음이 이와 같으니라 그런즉 너는 내 입의 말을 듣고 나를 대신하여 그들에게 경고할지어다 8 가령 내가 악인에게 이르기를 악인아 너는 반드시 죽으리라 하였다 하자 내가 그 악인에게 말로 경고하여 그의 길에서 떠나게 하지 아니하면 그 악인은 자기 죄악으로 말미암아 죽으려니와 내가 그의 피를 네 손에서 찾으리라 9 그러나 너는 악인에게 경고하여

돌이켜 그의 길에서 떠나라고 하되 그가 돌이켜 그의 길에서 떠나지 아
니하면 그는 자기 죄악으로 말미암아 죽으려니와 너는 네 생명을 보전하
리라 (겔 33:1-9)

🗒 말씀 나누기

"전투에 실패하는 것보다 경계에 실패하는 것이 더 큰 실책이다."

전쟁에서 패할 수 있지만 경계에서 결코 실수해서는 안됨을 강조하는
것입니다. 경계의 실패는 돌이킬 수 없는 결과를 가져옵니다. 경계 근무를
서는 자가 자신의 직무를 소홀히 여기고, 있어야 할 자리를 이탈하거나 알
리는 것을 더디 하면 자신은 물론이고 모두에게 엄청난 재앙을 줄 수 있습
니다.

성경은 경계 근무하는 자를 '파수꾼' 이라 말합니다. 파수꾼은 적이 들
어오는 것을 정확하게 알리는 자입니다. 파수꾼이 상황에 대하여 신속하고
정확하게 알리지 않는다면 그를 믿고 있던 모든 공동체는 피할 수 없는 고
통을 당할 것입니다. 그리고 파수꾼은 그 결과에 대하여 심판을 받아야 합
니다. 하지만 파수꾼이 자신의 역할을 다하였는데 사람들이 듣지 않고 대
응하지 않았다면 심판을 당하지 않습니다.

이렇게 파수꾼은 작은 부분에서 한 민족의 운명에 이르기까지 지대한
영향을 미치고 있습니다. 그런데 성경이 그리스도인을 '파수 하는 자' 즉
'파수꾼' 이라고 말합니다. 그리스도인이 서 있는 자리가 얼마나 중요한가

를 의미하는 말씀입니다. 하나님께서 부여하여 주신 직임이 바로 파수꾼입니다. 영적인 위기에 대하여 강력한 경고의 나팔을 불어야 할 책임을 가지고 있는 자입니다.

더구나 우리는 가족과 교회 그리고 조국과 열방을 위한 파수꾼입니다. 우리의 외침에 가족과 교회 그리고 조국과 열방의 운명이 달려 있습니다. 하나님은 우리에게 가족과 교회 그리고 조국과 열방이 가야 할 길을 알려 주셨습니다.

그러므로 파수꾼으로서 분명한 자세를 가지고 있어야 합니다. 하나님의 말씀에 깨어 있어야 합니다. 말씀을 바르게 분별하고 말씀이 지시하는 것을 정확하게 전달할 수 있어야 합니다. 세상의 소리에 파묻혀 있다가 하나님의 소리를 듣지 못하는 자가 되어서는 안 됩니다. 영적인 시각 장애가 있어서는 안 됩니다. 그렇게 되면 바르게 볼 수 없습니다. 또한 두려움을 버려야 합니다. 하나님이 주시는 평안과 담대함을 가지고 있어야 합니다. 그리고 신속해야 합니다. 이것이 파수꾼의 자세입니다.

우리 시대의 현실은 위태롭습니다. 교회가 위태롭고, 그리스도인이 위태롭고, 가정이 위태롭고, 사회 공동체 구성원 사이의 관계도 위태롭습니다. 철저한 개인주의와 실용주의가 소용돌이 치고 있으며, 진리에 대한 상대주의와 구원에 관한 다원주의가 무서운 속도로 진행되고 있습니다. 따스함이란 좀처럼 찾을 수 없습니다. 이러한 시대 가운데 하나님은 우리를 파수꾼으로 부르셨습니다. 하나님께서 우리를 자녀로 삼으신 순간부터 우리는 하나님 나라의 파수꾼입니다. 하나님의 파수꾼은 하나님이 주신 말씀을 있는 그대로 전하는 자입니다. 그것이 혹 우리를 힘들게 할 수 있으나 포기할 수 없습니다. 파수꾼은 복음과 함께 고난을 기뻐하는 것입니다. 자신의 십자가를 감사함으로 지고 가는 것입니다.

그러므로 설교자는 설교를 통하여 그 사명을 감당합니다. 성도는 성도의 자리에서 부르심을 감당합니다. 익명의 그리스도인이 아니라 영적 파수꾼으로서의 그리스도인으로 살아가는 것입니다. 삶의 모든 영역에 하나님의 주권을 선포하는 것입니다. 영적 파수꾼이 달려가는 길입니다.

하나님은 파수꾼의 역할을 매우 소중하게 여기십니다. 그래서 세상이 파수꾼인 우리의 소리를 듣고 돌이키면 멸망을 면하지만 우리의 소리를 듣고도 돌이키지 않으면 멸망의 자리에 서게 하셨습니다. 이솝우화에 나오는 늑대와 소년을 아실 것입니다. 늑대가 나타났다고 거짓 보고를 하였습니다. 사람들은 듣고 처음에는 신속하게 움직였지만 거짓이 반복되자 진짜 늑대가 왔다는 소리까지도 믿지 않았습니다. 결국 소년과 사람들은 죽음을 피할 수 없었습니다. 이것은 파수꾼이 가지고 있는 역할이 얼마나 중요한가를 보여 줍니다. 파수군은 언제나 정직해야 합니다. 그리고 정확해야 합니다. 이것이 하나님이 기뻐하는 일입니다. 모두가 함께 사는 행복이 됩니다. 그런데 이 일을 하나님께서 우리에게 맡겨 주셨습니다. 예수 그리스도를 말미암아 구원받은 자녀들에게 파수군의 직임을 주셨습니다. 우리는 이 일에 함께하는 파수꾼입니다. 파수꾼의 삶을 통하여 하나님의 영광이 이 땅 가운데 온전하게 이루어져야 합니다.

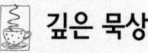 **깊은 묵상**

1. 영적 파수꾼이라는 사실이 당신의 삶에 어떻게 다가옵니까?

2. 영적 파수꾼으로서 필요한 자질이 있다면 무엇입니까?

🐬 삶에 적용

영적인 파수꾼으로서의 삶은 구호에 그치는 것이 아닙니다. 외치지 않는 파수꾼은 소용이 없습니다. 파수꾼으로서의 삶은 실천으로 나타나야 합니다. 무엇보다도 파수꾼은 사랑으로 진리를 전하는 자입니다. 나의 삶 가운데 파수꾼으로서 감당해야 할 부분이 있다면 무엇일까요?

1. 가정 :
2. 이웃 :
3. 교회 :

☺ 정직한 기도

하나님의 입을 대신하는 영적 파수꾼으로서 사명을 감당하지 못한 우리의 죄를 용서하여 주시고 시대를 분별하고 교회를 세우는 영적인 파수꾼으로서 담대하게 살아가게 하옵소서. 특별히 오늘 내가 해야 하는 파수꾼의 삶이 무엇인지 바르게 알게 하시고 그 모습대로 살게 하옵소서.

🖼 미션 뱅크

계획적 소비 생활 실천하기(가계부 작성 등)

책임 3 가정의 무한 책임

또 아비들아 너희 자녀를 노엽게 하지 말고 오직 주의 교훈과 훈계로 양육
하라 (엡 6:4)

오늘의 말씀

1 자녀들아 주 안에서 너희 부모에게 순종하라 이것이 옳으니라 2
네 아버지와 어머니를 공경하라 이것은 약속이 있는 첫 계명이니 3
이로써 네가 잘되고 땅에서 장수하리라 4 또 아비들아 너희 자녀를
노엽게 하지 말고 오직 주의 교훈과 훈계로 양육하라 (엡 6:1-4)

말씀 나누기

한 해에 가출하는 청소년들이 10만 명을 넘고 있습니다. 이들이 집을
나가서 살고 있는 곳은 참으로 비참한 곳입니다. 어떤 친구들은 노숙자와
같은 삶을 살기도 합니다. 먹을 것이 없어서 구걸하며 지내기도 합니다. 그
런데 이들이 집이 없는 것이 아닙니다. 집도 있고 부모도 살아 있습니다.
그런데 이렇게 힘들고 지쳐 있는 삶을 살면서도 집에 들어가기 싫다는 것
입니다. 이들의 한결 같은 대답은 자신이 거하는 곳은 집이 아니라 지옥이
라고 합니다. 또한 부모에 대하여 심각한 불신을 가지고 있습니다. 그래서

죽으면 죽었지 가족의 품으로는 돌아가지 않겠다는 것입니다.

이러한 이야기를 들으면 사실일까 하는 의문이 들기도 합니다. 그러나 부정할 수 없는 현실입니다. 한 해에 10만 명의 아이들이 이러한 아픔을 겪고 있는 것은 참으로 슬프고 두려운 일입니다. 이렇게 자란 아이들이 사는 미래는 생각하기만 해도 끔찍합니다. 가장 밝고 아름답게 그리고 풍성한 꿈을 가지고 살아가야 할 아이들의 삶이 침침하고 소망이 없으며 회색빛으로 물들어 있는 것은 있어서는 안 될 일입니다.

이러한 현실 앞에 '나는 아니야.' 하는 안일한 생각을 가지고 있어서는 안 됩니다. 이러한 아픔은 누구에게나 올 수 있기 때문입니다. 그렇다면 이러한 아픔을 피하고 하나님이 주신 원초적인 행복을 누릴 수 있는 길은 무엇입니까? 우리는 무엇보다도 성경의 가르침으로 돌아가야 합니다. 성경은 이러한 아픔을 피하고 행복한 삶을 위한 길을 알려 주고 있습니다.

우리가 아는 한 가정은 한몸 공동체입니다. 한쪽이 문제가 생기면 전체에 문제가 생깁니다. 특별히 가정의 기쁨과 슬픔의 시작은 부부에게 있습니다. 부부 사이가 건강하면 가정이 건강합니다. 많은 부분에서 자녀들의 문제는 바로 부부의 문제에서 비롯됩니다. 다툼과 비인격적인 태도 그리고 이혼 등의 모습이 자신들의 문제만이 아니라 자녀들의 탈선에까지 이르는 것입니다. 그러므로 무엇보다도 부부의 건강한 관계가 가정을 지키는데 가장 중요합니다.

● ● ● 미국의 유명한 여성 상무장관의 남편이 자살소동을 벌인 적이 있었습니다. 아내가 상부장관이 되기 전에 그 부부는 같은 대학의 교수로 서로 끔찍이 사랑하며 즐겁게 지냈습니다. 그러나 아내가 상무장관이 되고 나서는 늘 워싱톤에서 살다시피 하므로 일주일 내내 아내의 얼굴조차도 보기가 어렵게 되었습니다. 가정생활의 즐거움을 잃어버린 남편은 그만 삶의 기쁨마저도 잃고 말았습니다. 여성해방 운동가들의 환호나 상무장관의 명성으로도 아무런 기쁨을 맛보지 못한 남편은 결국 자살을 시도하게 되었던 것입니다. 결국 가정생활이 파탄에 이르자 상무장관인 아내는 단호히 장관직을 포기하고 가정을 택하여 잃어버렸던 가정의 행복과 안정을 되찾게 되었다고 합니다. 가정은 이 세상의 어느 곳보다도 따뜻하고 좋은 곳입니다. 부부 간의 사랑과 부모 자식 간의 사랑, 그리고 형제 간의 사랑이 피어나는 가정이야말로 하나님께서 보시기에 아름다운 가정일 것입니다.

건강한 가정은 부부의 아름다움으로 끝나는 것이 아닙니다. 부모와 자녀의 관계 역시 아름다워야 합니다. 그런 의미에서 부모는 자녀를 자신의 주관과 욕심으로 다스려서는 안 됩니다. 마치 주식투자 하듯이 자식을 섬기는 것은 가장 불행한 일입니다. 부모는 오직 주의 말씀으로 가르치고 훈계하여야 합니다. 이것은 인격적인 양육을 이야기합니다. 자녀는 하나님의 선물입니다. 자신의 소유가 아닙니다. 하나님의 뜻에 따라 잘 양육한 뒤에 다시금 돌려주어야 합니다. 그러므로 부모는 청지기와 같습니다. 그리고 부모는 자녀에게 보냄 받은 선교사와 같습니다. 부모는 자녀에게 복음을 전함으로 하나님의 자녀가 되게 하는 사명을 받은 자입니다. 이러한 성경의 가르침을 바르게 이해한다면 자식을 소유물로 인식하고 욕심을 통하여 대리만족을 채우려는 불행을 겪지 않을 것입니다.

또한 자녀들은 주님의 말씀에 따라 부모를 순종하고 공경하여야 합니다. 이 일이 무너지면 모두가 무너지기 때문입니다. 주의 말씀 안에서 순종하는 것이 복된 일입니다. 이것은 자신뿐 아니라 가정 공동체를 든든하게 세우는 것입니다. 부모를 순종하고 공경하는 것은 부모의 권위를 인정하는 것입니다. 부모의 권위는 하나님이 주신 권위이기 때문입니다. 권위에 대한 고백은 일시적인 것이 아닙니다. 이 일은 평생 이루어가는 것입니다. 그러기에 하나님은 복으로 응답하여 주시는 것입니다. 잘되고 장수하는 행복은 단순히 개인적인 만족과 평안을 누린다는 것이 아닙니다. 건강하고 복된 가정을 이룬다는 것입니다. 하나님이 지켜 주시는 가정은 천국의 향기를 드러냅니다.

가정이 건강하지 않고서는 교회가 건강할 수 없습니다. 교회가 건강할 수 없다면 사회도 건강할 수 없습니다. 가정이 풍요로울 때 교회와 사회도 풍요롭습니다. 그러므로 무엇보다도 가정을 바르게 지키는 것이 우리가 해야 할 일입니다. 특별히 기억해야 할 것은 가정은 한 사람의 삶과 사회에 대하여 무한 책임을 가진 곳입니다. 가정을 소홀히 하는 것은 어떠한 변명으로도 합리화되지 않습니다. 그리스도인은 가정을 허락하시고 가정을 통하여 하나님의 나라를 이루어가시는 하나님의 뜻을 바르게 분별할 수 있어야 하며 그 책임을 감당해야 합니다. 가정은 그 시작부터 무한 책임을 가지고 있습니다.

 깊은 묵상

1. 당신의 가정은 건강합니까? 부부 사이에 존경과 신뢰가 있습니까? 부모와 자녀 사이에 열려 있는 대화가 항상 있습니까? 가정의 행복지수를 10으로 점수를 매긴다면 몇 점을 줄 수 있습니까?

2. 가정을 지키는 것은 말로 하는 것이 아닙니다. 책임은 행위로 보이는 것입니다. 가정을 건강하게 만들기 위하여 회복하여야 할 부분이 있다면 무엇이라 생각합니까?

🐟 삶에 적용

행복한 가정을 위하여 사랑과 존경의 표현을 실천할 수 있는 것을 적어
보시고 오늘 실천해 보시기 바랍니다.

1. 아내에게 혹은 남편에게
2. 부모에게
3. 자녀에게

☺ 정직한 기도

하나님이 세워 주신 우리 가정이 행복의 향기를 나타낼 수 있도록 축복
하여 주옵소서. 부부 사이에 존경과 사랑이 있도록, 부모와 자녀 사이에
아픔과 상처는 싸매어 주시고 신뢰와 순종이 있도록 은혜를 베풀어 주옵
소서.

🏦 미션 뱅크

1회용품(나무젓가락, 종이컵, 인스턴스 식품 등) 없이 하루 살기

책임 4 살아 있는 공동체

그들에게 이르되 여호와의 종 모세가 너희에게 명령한 것을 너희가 다 지키며 또 내가 너희에게 명령한 모든 일에 너희가 내 말을 순종하여 오늘까지 날이 오래도록 너희가 너희 형제를 떠나지 아니하고 오직 너희의 하나님 여호와께서 명령하신 그 책임을 지키도다 (수 22:2-3)

📖 오늘의 말씀

1 그 때에 여호수아가 르우벤 사람과 갓 사람과 므낫세 반 지파를 불러서 2 그들에게 이르되 여호와의 종 모세가 너희에게 명령한 것을 너희가 다 지키며 또 내가 너희에게 명령한 모든 일에 너희가 내 말을 순종하여 3 오늘까지 날이 오래도록 너희가 너희 형제를 떠나지 아니하고 오직 너희의 하나님 여호와께서 명령하신 그 책임을 지키도다 4 이제는 너희의 하나님 여호와께서 이미 말씀하신 대로 너희 형제에게 안식을 주셨으니 그런즉 이제 너희는 여호와의 종 모세가 요단 저쪽에서 너희에게 준 소유지로 가서 너희의 장막으로 돌아가되 5 오직 여호와의 종 모세가 너희에게 명령한 명령과 율법을 반드시 행하여 너희의 하나님 여호와를 사랑하고 그의 모든 길로 행하며 그의 계명을 지켜 그에게 친근히 하고 너희의 마음을 다하며 성품을 다하여 그를 섬길지니라 하고 6 여호수아가 그들에게 축복하여 보내매 그들이 자기 장막으로 갔더라 (수 22:1-6)

말씀 나누기

"책임이 없는 자유"

이 말을 들을 때 무엇이 가장 먼저 떠오릅니까? 여러 말이 있겠지만 한 마디로 정리한다면 '무질서' 일 것입니다. 무질서는 자유 같으나 자유가 아닙니다. 무질서는 자신의 소견에 따르고, 힘의 논리에 따르고, 부의 논리에 따르는 혼돈입니다. 그러므로 무질서는 독재의 또 다른 이름이라 할 수 있습니다. 독재는 질서가 있는 것 같으나 자유가 없습니다. 무질서는 자유가 있는 것 같으나 참된 자유가 없습니다. 그런 의미에서 진정한 자유는 책임이 함께 합니다. 책임이 있을 때 참된 자유를 누릴 수 있습니다.

하나님은 책임을 지키는 자를 귀하게 여기십니다. 자신이 한 말과 행동에 대하여 책임감을 가지고 있는 사람은 하나님의 선물을 받기에 충분한 사람입니다. 하나님은 책임을 감당하는 자를 통하여 하늘의 안식을 선물로 주십니다. 이 안식은 개인과 공동체 그리고 민족을 행복하게 합니다.

이스라엘 백성들이 출애굽을 한 뒤에 가나안 땅에 들어가게 됩니다. 그리고 가나안 지역을 하나님의 뜻대로 정복하여 갑니다. 이 때에 이스라엘의 지파 가운데 르우벤 사람과 갓 사람과 므낫세 반 지파의 사람들이 모세에게 요청을 합니다. 그것은 자신들은 가나안 땅에 들어가지 않겠다는 것입니다. 다만 가나안 정복이 완성될 때까지 최선을 다하여 앞장서서 책임을 다하겠다고 약속합니다. 모세는 이들의 요청을 받아들입니다.

르우벤 사람과 갓 사람과 므낫세 반 지파의 남자들은 약속한 대로 최선을 다하여 이스라엘의 가나안 정복 전쟁에 참여합니다. 이들은 가족과 떨어져 있는 외로움 속에서 자신들에게 주어진 일에 책임을 다 감당하였습니다. 게으른 모습이 없었습니다. 자신의 지파 일이 아니라고 대충 대충하지 않았습니다. 하나님 앞에 온전한 모습을 가지고 있었습니다. 하나님은 이러한 이들의 모습을 보고 있었습니다.

가나안 정복전쟁이 끝나고 땅을 배분할 때에 하나님은 여호수아를 통하여 이들을 축복하였습니다. 여호수아는 이들을 향하여 모세에게 행한 약속을 다 지키고, 여호수아의 명령을 다 듣고 공동체를 떠나지 않았으며 하나님이 명하신 책임을 다하였다고 인정합니다. 그리고 약속을 이행하시고 하늘의 안식을 선물로 주십니다.

이 장면은 우리에게 너무나 아름다운 모습을 보여 줍니다. 이들의 책임 있는 모습이 개인은 물론이지만 신앙 공동체를 견고하게 세웠으며 민족을 살렸습니다. 그리고 하늘의 선물을 받았습니다. 책임은 반드시 열매를 맺습니다.

● ● ● 한 조그마한 나사가 다른 수천 개의 나사들과 함께 거대한 배를 구성하고 있었습니다. 조그마한 나사는 두 개의 강철판을 연결하는 역할을 하고 있었습니다.

그러던 어느 날 조그마한 나사가 말했습니다. "난 이제 편해지고 싶어. 이것은 나 혼자만의 일이지 다른 어느 누구와도 관계없는 일이야!' 그래서 조그마한 나사가 느슨해지면서 강철판을 꽉 조이지 않게 되었습니다. 그러자 다른 나사들이 항의하면서 소리쳤습니다. "얘! 너 미쳤니? 네가 떨어져 나오면 우리가 떨어지는 것은 시간문제란 말야!'

그러자 커다란 쇠 나사가 주의를 주면서 소리쳤습니다. "모두들 잘 들어! 제발 부탁인데 철판을 잘 받쳐 줘. 그렇지 않으면 우린 모두 끝장이야."

이와 같은 위급한 상황이 삽시간에 온 배 안으로 퍼져 나갔습니다. "조그마한 나사가 드디어 일을 저질렀데!' 수군덕거리는 소리가 사방에서 들려왔습니다. 소문을 들은 나사들은 놀랐으며 배의 거대한 몸체가 삐그덕거리기 시작했습니다. 그리고 모든 이음새에서도 가느다란 진통이 느껴졌습니다. 위기의식을 느낀 모든 나사들과 철판 그리고 배를 구성하는 모든 부품들이 모두 함께 조그마한 나사에게 이러한 상황을 알린 다음 간청했습니다.

"조그마한 나사야, 제발 네 자리에 그대로 있어 줘. 응? 만일 네가 너의 위치를 벗어나게 되면 이 배 전체가 침몰하고 말 거야. 어느 누구도 항구에 안전하게 도착할 수는 없을 거라구!'

이 땅에 존재하는 모든 것들은 하찮은 것이 없습니다. 특별히 하나님은 우리를 소중한 존재로 만드셨습니다. 그리고 하나님 나라의 책임 있는 존재로 보내셨습니다. 우리는 공동체 가운데 하나님의 뜻을 이룰 책임을 가진 사람입니다. 세상이 알아주는 위치가 아니라 할지라도 우리는 하나님 앞에 존귀한 자입니다. 하나님은 우리를 통하여 원대한 뜻을 이루어 가십니다. 작은 나사와 같은 존재일지라도 하나님의 나라를 이루어가는데 없어서는 안 될 존재입니다. 이러한 분명한 책임감이 있을 때 자신에게 주어진 일에 게으르지 않고 최선을 다하게 됩니다. 그리고 우리의 공동체가 살아있고 건강해지는 것입니다.

깊은 묵상

1. 르우벤 사람과 갓 사람과 므낫세 반 지파 사람들이 책임을 잘 지켰다는 평가를 받을 수 있었던 원인은 무엇입니까?

2. 나로 인하여 공동체가 존귀할 수도 있고 위태로울 수도 있다는 생각을 어떻게 받아들이십니까?

내가 속한 공동체가 나에게 기대하고 원하는 것이 무엇인지 아십니까? 당신이 속한 공동체에서 맡은 책임을 잘 감당하려면 버려야 할 것과 세워야 할 것은 무엇이라 생각합니까? 구체적으로 생각하시고 실행에 옮기시기 바랍니다.

1. 가정 :
2. 교회 :
3. 이웃 :

😊 정직한 기도

하나님과 사람 앞에 너무 쉽게 말하였던 것을 부끄럽게 여기며 작은 일이라도 책임을 다하여 내가 속한 공동체가 생명력 있는 곳이 될 수 있도록 인도하여 주옵소서.

📿 미션 뱅크

재생용품을 우선적으로 사용하기

책임 5 합당한 삶

그러므로 주 안에서 갇힌 내가 너희를 권하노니 너희가 부르심을 받은 일
에 합당하게 행하여 (엡 4:1)

오늘의 말씀

> 1 그러므로 주 안에서 갇힌 내가 너희를 권하노니 너희가 부르심
> 을 받은 일에 합당하게 행하여 2 모든 겸손과 온유로 하고 오래
> 참음으로 사랑 가운데서 서로 용납하고 3 평안의 매는 줄로 성령
> 이 하나 되게 하신 것을 힘써 지키라 4 몸이 하나이요 성령도 한
> 분이시니 이와 같이 너희가 부르심의 한 소망 안에서 부르심을
> 받았느니라 5 주도 한 분이시요 믿음도 하나요 세례도 하나요 6
> 하나님도 한 분이시니 곧 만유의 아버지시라 만유 위에 계시고
> 만유를 통일하시고 만유 가운데 계시도다 (엡 4:1-6)

말씀 나누기

"모든 것이 우연입니다."

진화론적 세계관을 가지고 있는 사람들에게 있는 생각입니다. 이들에
게 있어서 모든 것이 우연하게 만들어졌습니다. 우주의 시작이 우연과 시
간의 경과를 통하여 이루어졌다고 생각합니다. 이러한 생각은 인간의 존엄

성에 대단한 도전을 줍니다. 우연히 만들어진 존재에 무슨 존엄성을 말할 수 있습니까? 더구나 우연하게 만들어졌으니 거기에 삶의 가치와 목적이 있겠습니까?

"목적을 향하여 가는 존재입니다."

성경은 인간의 존엄성을 하나님의 형상으로 지음 받음에서 찾습니다. 인간은 우연한 존재가 아니라 분명한 목적을 가지고 하나님의 형상으로 만들어지고 이 땅에 보내진 것입니다. 이것이 인간의 본질적 가치입니다. 그런데 이렇게 존엄한 존재인 인간들이 하나님의 뜻을 따르지 않고 자신의 방법대로 살아간 것입니다. 결국 하나님과 관계없이 살기로 한 것입니다.

그러나 하나님은 이러한 사람들 가운데 하나님의 나라를 회복하기 위하여 하나님의 백성들을 부르시기로 하셨습니다. 이러한 부르심의 역사가 성경의 역사입니다. 바울은 복음을 받고 교회를 세운 이들을 향하여 '부르심을 입은 자'라고 말씀합니다. 부르심을 받은 자는 부름의 합당한 삶을 살아야 합니다. 아무렇게나 대충 사는 존재가 아니라 하나님의 부르심에 합당하게 살아야 하는 존재입니다.

부르심을 받은 자에게 요구되는 삶이 있습니다. 우선 하나님의 나라를 위하여 온유와 겸손의 자세를 가지고 있어야 합니다. 또한 너그러운 마음으로 오래 참고, 사랑으로 받아 줄 수 있어야 합니다. 이것이 하나님 나라를 회복하여 가는 자의 자세입니다. 이러한 자세는 그리스도께서 보여 주신 삶에서 나타납니다. 우리를 위하여 온유와 겸손으로 그리고 오래 참음과 사랑으로 십자가의 길을 걸어가셨습니다. 그리고 주님께서 말씀하시기를 내가 행한 것 같이 너희도 행하라고 말씀하셨습니다(요 13:15).

그러나 부르심을 받은 사람의 책임은 여기에서 끝나지 않습니다. 더욱 본질적인 문제를 감당해야 합니다. 그것은 성령께서 하나 되게 하신 것을 힘써 지켜야 합니다. 우리 시대는 모든 것을 해체하는 시대가 되었습니다. 그래서 하나로 모인다는 것이 생소하게 느껴질 정도입니다. 하나가 되는 것을 거부하기에 오로지 개인적인 삶만을 누리려고 합니다. 이것은 교회 안에서도 나타나고, 교회 밖에서도 나타납니다. 개 교회주의라고 비판 받는 것도 여기에 있습니다. 그러나 이것은 성경의 가르침이 아닙니다. 성경은 우리가 하나님 안에서 하나임을 강조하고 하나 됨을 힘써 지켜야 한다고 말씀합니다. "평안의 매는 줄로 성령의 하나 되게 하신 것을 힘써 지키라" 이 말씀은 부르심을 입은 사람들이 감당해야 할 책임입니다. 하나님을 분리하는 자가 되어서는 안 됩니다. 한 마음으로 하나가 되어야 합니다. 분열은 큰 죄입니다. 하나가 되게 하는 것, 바로 이것이 부르심을 받은 자의 합당한 삶입니다.

● ● ● 에이든 토저는 다음과 같이 말합니다. "하나님은 언제든지 이미 예정해 놓으신 목표를 향해서 일하고 계신다. 그의 형상대로 만들어진 우리도 목표를 마음에 두고 일해 나갈 때에만 우리 자신의 존재를 정당화시킬 수 있다. 목적이 없는 활동은 인간 존재의 위엄과

가치에 어울리지 않는다. 목표를 향하여 진행하지 못하는 활동은 낭비이다. 그런데도 대부분의 그리스도인들은 노력하여 나가는 목적이 분명하지 못하다. 그들은 끝없이 즐겁게 돌아다니는 것으로 계속 시간과 정력을 낭비하고 있다. (…) 이와 같이 비참한 낭비 뒤에는 대개 다음의 세 가지 중 한 가지 이유가 있다. 즉 성경을 잘 모르고 있든지, 성경을 믿지 않고 있든지, 말씀에 불순종하고 있는 것이다."

우리는 분명한 목적 가운데 부르심을 받은 자입니다. 시간과 정력을 낭비해서는 안 됩니다. 하나님께서 우리에게 맡겨 주신 일들이 결코 작은 일이 아니기 때문입니다. 지금도 하나님은 우리의 삶의 현장과 교회 공동체 그리고 하나님 나라의 영광을 위하여 부름에 합당한 삶을 살라고 말씀하고 있습니다. 지체되어서는 안 되는 일입니다. 이것이 우리를 향한 하나님의 마음입니다.

깊은 묵상

1. 부르심에 대한 분명한 확신이 없을 때 결코 의미 있는 삶을 살 수 없습니다. 그 이유가 무엇이라 생각합니까?

2. 분열은 큰 죄입니다. 그런데 분열의 역사를 자주 봅니다. 이렇게 개인과 가정 그리고 교회가 분열하여 파편화되는 본질적인 이유가 무엇이라 생각합니까?

삶에 적용

지금 당신과 공동체는 부르심에 합당한 삶을 살고 있다고 생각하십니까? 부르심에 합당한 삶을 살기 위해 지금 당신이 가장 먼저 회복하여야 할 것이 있다면 무엇입니까?

1. 가정 :
2. 교회 :
3. 이웃 :

정직한 기도

시간과 정력을 낭비하는 자가 아니라 하나님의 부르심을 바로 알고 그 부르심에 합당한 삶을 살 수 있는 자가 되게 하옵소서. 아무도 보는 이 없을 때에라도 지혜롭게 행동하게 하소서

미션 뱅크

자신의 달란트에 맞게 열정을 다해 자신의 일(공부, 업무)에 임하기

책임 6 예수님의 초상화

그러나 너희는 택하신 족속이요 왕 같은 제사장들이요 거룩한 나라요 그의
소유가 된 백성이니 이는 너희를 어두운 데서 불러 내어 그의 기이한 빛에
들어가게 하신 이의 아름다운 덕을 선포하게 하려 하심이라 (벧전 2:9)

🖐 오늘의 말씀

9 그러나 너희는 택하신 족속이요 왕 같은 제사장들이요 거룩한
나라요 그의 소유가 된 백성이니 이는 너희를 어두운 데서 불러
내어 그의 기이한 빛에 들어가게 하신 자의 아름다운 덕을 선포
하게 하려 하심이라 10 너희가 전에는 백성이 아니더니 이제는
하나님의 백성이요 전에는 긍휼을 얻지 못하였더니 이제는 긍휼
을 얻은 자니라 11 사랑하는 자들아 거류민과 나그네 같은 너희
를 권하노니 영혼을 거슬러 싸우는 육체의 정욕을 제어하라 12
너희가 이방인 중에서 행실을 선하게 가져 너희를 악행한다고 비
방하는 자들로 하여금 너희 선한 일을 보고 오시는 날에 하나님
께 영광을 돌리게 하려 함이라 (벧전 2:9-12)

📖 말씀 나누기

"그리스도인은 걸어 다니는 예수의 초상화이다."

청교도 목사인 토마스 왓슨의 말입니다. 그리스도인의 정체성에 대하

여 정곡을 찌르는 말이라 생각합니다. 우리는 그리스도의 초상화입니다. 그러므로 누구든지 우리를 통하여 그리스도를 미리 만나는 것입니다. 손봉호 교수는 예전에는 비 그리스도인들이 그리스도인을 보고서 어떻게 하면 그리스도인처럼 살 수 있는지 궁금해 하였다고 합니다. 그런데 지금은 그리스도인과 교회가 동네의 개가 되어서 아무나 툭툭치는 천덕꾸러기가 되었다고 가슴 아파하였습니다. 이 모든 것은 그리스도의 초상화로서의 우리들의 모습을 돌아보게 합니다. 지금 우리의 모습은 어떻게 비춰지고 있습니까?

종교 개혁의 위대한 선물 가운데 하나가 '만인 제사장' 입니다. 사제 중심의 비 성경적인 가르침에서 우리 모두가 다 하나님의 제사장으로 살아야 함을 회복시켜 주었습니다. 이 놀라운 선물의 중심에는 바로 오늘 베드로의 놀라운 선언이 있습니다. 성경을 읽지 못하게 하였던 시절에는 누구도 알 수 없었지만 성경이 개인의 손으로 오고 자국어로 번역되어졌을 때 이 보석과 같은 말씀이 살아났습니다.

"택하신 족속이요 왕 같은 제사장들이요 거룩한 나라요 그의 소유가 된 백성"이라는 이 말씀은 우리의 정체성을 분명하게 보여 주는 것입니다. 우리는 어두움에 속한 자였습니다. 그리고 하나님의 백성이 아니었으며, 하나님의 긍휼하심을 얻은 자가 아니었습니다. 바울의 표현처럼 우리는 본질상 진노의 자녀였습니다(엡 2:3). 그러한 우리가 하나님의 자녀가 되었으며, 왕 같은 제사장과 거룩한 나라가 된 것입니다. 이것은 그 자체가 기적입니다. 인류 최대의 기적은 우리가 하나님의 자녀가 된 것입니다.

그리스도인은 만인 제사장으로 부름을 받았습니다. 우리의 책임은 만인 제사장으로서 사는 것입니다. 만인 제사장으로 세우신 것은 하나님의 아름다운 덕을 알리게 하시기 위함입니다. 하나님의 아름다움을 우리가 증거하는 것입니다. 우리가 어떻게 하나님의 자녀가 되었는지 알리는 것입니다. 예수 믿음의 그 기쁨과 행복을 증거하는 자입니다. 세상이 알 수 없는 놀라운 비밀을 전하는 것입니다. 이를 통하여 예수 그리스도만이 유일한 소망이요 희망임을 선포하는 것입니다.

또한 육체의 정욕을 제어하고 선한 행실을 갖는 것입니다. 그리스도인은 수단과 방법을 가리지 않고 부를 축적하고 권력을 탐하는 자가 아닙니다. 부자가 목적이 아닙니다. 돈을 사랑하는 자가 아닙니다. 쾌락을 즐기는 자가 아닙니다. 그리스도인은 하나님이 맡겨 주신 모든 것을 관리하는 청지기입니다. 그리스도인의 삶의 비전은 하나님을 위하여 선을 베푸는 자입니다. 악을 선으로 이기는 자입니다. 이 길은 쉬운 길이 아니지만 이를 통하여 모든 사람들이 하나님께 영광을 돌리는 것입니다.

페늘롱은 우리의 행위들이 하나님께 용납되도록 만들기 위해 우리의 직업(정직한 직업이라면)을 바꿔야 할 필요는 없으며, 오직 전에 우리가 자신을 위해서 해 오던 것을 그리스도를 위하여 시작하기만 하면 된다고 하였습니다.

우리의 삶이 오직 주님의 영광만을 위하여 드려지고, 우리가 행하는 모든 행동의 이유가 자신도 아니고 교회도 아니고 그리스도의 영광이 되고, 모든 것이 그리스도 중심의 삶이 되게 하는 것입니다. 이렇게 될 때 우리를 통하여 하나님의 아름다운 소식들이 온전하게 전해질 것입니다. 그리고 모두가 그리스도인의 소리를 듣고 흠모하게 될 것이며 궁극적으로 하나님께 영광을 돌릴 것입니다. 마치 다니엘의 믿음으로 보고 이방의 왕인 느부갓네살이 하나님께 영광을 돌렸던 것과 같이 될 것입니다.

우리 시대의 문제는 바로 그리스도인에게 있습니다. 그리스도인이 만인제사장의 역할을 감당할 때 교회와 사회는 건강해질 것입니다. 우리가 이 책임을 맡은 자로서 뒤로 물러서는 자가 되어서는 안 됩니다. 담대하게 하나님의 영광을 선포하는 자가 되어야 합니다. 하나님의 아름다움을 마음껏 선전하는 자가 되어야 합니다. 그것이 나를 살게 하고 교회를 살게 하고 조국을 살게 하는 것이며 하나님 나라를 회복하는 일입니다.

1. "누구든지 우리를 통하여 그리스도를 미리 만나는 것입니다." 이 말의 구체적인 의미가 무엇이라 생각합니까?

2. 하나님을 선전한다는 것이 어떤 의미로 다가 왔습니까?

🖼️ 삶에 적용

만인 제사장의 의식을 가지고 있습니까? 아니면 그런 의식 없이 신앙생활을 하고 있습니까? 하나님은 우리를 만인 제사장으로 부르셨습니다. 만인 제사장으로서 부족한 부분이 무언인지 돌아보고, 만인 제사장으로서 구체적인 삶을 살기 위한 행동 강령을 정하시기 바랍니다.

1. 가정 :
2. 교회 :
3. 이웃 :

◎ 정직한 기도

만인 제사장으로서 하나님의 아름다움을 선전하는 구체적이고 실천적인 삶을 살아가게 하옵소서.

🖼️ 미션 뱅크

업무시간에 무단으로 개인적인 용무 보지 않기

의를 추구하는 삶 (정의)

■ 기윤실에서는 **정의**를 다음과 같이 정의합니다.

정의는 사랑(Love)과 함께 하나님 나라의 핵심적인 비전이라 할 수 있습니다. 기윤실이 핵심가치로 삼고 있는 정의는 하나님의 공동체인 교회와 사회 가운데 차이로 인해 차별이 발생하지 않도록 하며, 절차적 공정함을 바로 세우는 것입니다. 정의가 바로 선다는 것은 어떤 개인이나 집단도 외부적인 힘에 의해 강제적으로 혹은 강압적으로 강요당하지 않고 무시당하지 않는 힘이 보장됨을 의미합니다.

> 오직 정의를 물 같이, 공의를 마르지 않는 강 같이 흐르게 할지어다 (암 5:24)
> 사람아 주께서 선한 것이 무엇임을 네게 보이셨나니 여호와께서 네게 구하시는 것은 오직 정의를 행하며 인자를 사랑하며 겸손하게 네 하나님과 함께 행하는 것이 아니냐 (미 6:8)

정의 1 하나님의 통치 원리

그는 쇠하지 아니하며 낙담하지 아니하고 세상에 정의를 세우기에 이르리니 섬들이 그 교훈을 앙망하리라 (사 42:4)

오늘의 말씀

1 내가 붙드는 나의 종 내 마음에 기뻐하는 자 곧 내가 택한 사람을 보라 내가 나의 영을 그에게 주었은즉 그가 이방에 정의를 베풀리라 2 그는 외치지 아니하며 목소리를 높이지 아니하며 그 소리를 거리에 들리게 하지 아니하며 3 상한 갈대를 꺾지 아니하며 꺼져가는 등불을 끄지 아니하고 진실로 정의를 시행할 것이며 4 그는 쇠하지 아니하며 낙담하지 아니하고 세상에 정의를 세우기에 이르리니 섬들이 그 교훈을 앙망하리라 (사 42:1~4)

말씀나누기

자유와 정의를 위해 일어선 시민들을 무자비하게 총칼로 탄압한 과거 정부가 내건 정치적 슬로건은 놀랍게도 '정의 사회 구현'이었습니다. 정의 사회를 실현하겠다는 정치권력이 정의를 추구하는 개인들을 잔인하게 탄압한 것은 그 자체로 정의를 왜곡한 것입니다.

하나님께서는 정의와 공의를 기반으로 이 세상을 다스리신다고 말씀하십니다. 정의와 공의는 하나님의 통치를 위한 중요한 원리입니다. 성경에는 정의와 공의라는 두 단어가 하나의 짝을 이루어 서로 포괄적인 의미로 사용되고 있습니다. 정의와 공의의 성경적 어원은 공정한 저울이나 공정한 추와 같이 다른 것을 그것에 견주어 측정할 수 있는 하나의 표준을 의미합니다. 이것은 공동체 안에서 어떤 행위의 기준으로 올바르면서 딱 맞는 행위나 상태를 의미합니다. 정의와 공의의 또 다른 어원은 누가 옳고 그른지에 대해 법적 판결을 집행하는 것으로, 특히 성경에서는 힘이 없는 약자들을 변론하기 위해 적극적으로 행동하는 것을 의미합니다.

이사야 42장은 이 땅에 메시야로 오실 예수님께서 행하실 정의와 공의의 사역을 자세히 설명해 주고 있습니다(사 42:1-2). 예수님께서 이 땅에 오신 목적 자체가 정의를 베풀고, 정의를 시행하며, 정의를 세우기 위한 것입니다. 예수님의 정의는 강한 힘으로 약한 사람들을 지배하는 정의가 아니라 가장 연약한 사람들을 돌보시고, 그들을 위로하며, 그들을 섬기는 것입니다. 또한 예수님이 행하실 공의에는 불의한 자들을 심판하시고, 악을 대적하는 것도 포함되어 있음을 성경은 가르쳐 주고 있습니다.

세상의 정의는 성경이 추구하는 정의와는 다릅니다. 세상의 정의는 오직 힘을 가진 자가 정의로운 것처럼 착각하게 만듭니다. 돈과 권력에 의해 세상의 정의는 왜곡되어 있습니다. 성경의 정의가 약자들을 변론하기 위한 적극적인 행위인 반면에 세상에서의 정의는 오히려 강자들이 약자들을 억압하는 도구로 전락하고 말았습니다. 성경이 추구하는 정의는 올바름에 대한 기준을 제시하는 것이지만 세상의 정의는 강자들의 힘에 의해 그 기준을 상실한 정의가 되고 말았습니다. 그러나 하나님은 이렇게 왜곡된 정의를 바로잡고 이 세상을 온전한 모습으로 바꾸기를 원하십니다. 예수 그리스도의 이 땅에 오심은 우리의 개인적 구원을 넘어 이 땅에 하나님의 나라를 이루기 위한 분명한 목적 때문입니다. 그 하나님 나라는 정의와 공의로 통치되는 나라입니다. 잠시 불법을 행하는 자들이 세상을 지배하는 것처럼 보이지만 궁극적으로 하나님의 정의가 이 땅에 실현될 것입니다.

● ● ● 춘원 이광수가 광복 직후에 심혈을 기울여 쓴 책이 있는데, 바로 『도산 안창호』입니다. 이광수는 1919년 3·1운동 직전 28살의 나이에 상해에서 도산 안창호의 강의를 듣고 크게 감동을 받아 상해 임시정부에서 안창호의 비서로 일하게 됩니다. 두 사람은 깊은 인격적 만남으로 스승과 제자가 됩니다. 이광수는 안창호가 만든 흥사단 단원이 되어 동지로서 '민족개조운동'의 길을 함께 걸었습니다. 그러나 일제 말기에 이르러 춘원은 안타깝게도 도산의 가르침을 배반하고 친일행위를 통해 안락한 삶을 누립니다. 동지였던 두 사람은 이후 식민시대에 대조적인 삶을 살아갑니다. 그러나 시간이 지난 후에 이 두 사람에 대한 평가는 완전히 달라지고 말았습니다.

일제 식민통치 시절에 많은 지식인들이 민족을 배반하고 친일행위를 일삼았습니다. 그들은 어쩌면 일제식민지가 영원히 지속될 것으로 생각했기 때문에 현실과 타협했는지 모릅니다. 그러나 해방이 되면서 그들의 선택은 오히려 그들의 올무가 되었습니다. 불의한 통치가 지배하는 시대에 불의한 권력과 타협한 사람들은 불의한 통치가 끝나는 시점에는 부끄러운 모습으로 설 수밖에 없었습니다. 그리스도인들이 어느 시대든지 하나님의 정의와 공의를 추구해야 하는 이유가 여기에 있습니다.

그렇다면 우리는 어떻게 하나님의 정의와 공의를 추구할 수 있을까요? 먼저 하나님은 말씀을 통해서 정의와 공의를 가르쳐 주고 있습니다. 하나님은 정의로우신 분이시기 때문에 그분의 말씀 속에는 하나님의 성품인 정의와 공의가 담겨져 있습니다. 따라서 하나님의 말씀을 읽고 묵상하는 사람은 반드시 하나님의 정의를 추구하는 삶을 살게 됩니다.

둘째는 세상의 조류를 거부하고 예수님의 제자의 삶을 살게 될 때 정의와 공의를 추구하는 삶을 살게 됩니다. 예수님의 제자로 살았던 수많은 사람들은 언제나 불의한 현실과 맞서 싸우는 사람들이었습니다. 그들은 진리를 위해서 싸웠고, 불의한 권력과 맞서 싸웠으며, 스스로 의로운 길을 걷기 위해 자신과도 싸웠습니다. 희망이 보이지 않는 암흑의 시대에도 그들이 불의한 현실과 타협하지 않고 정의로운 길을 걸을 수 있었던 것은 십자가의 고난을 통해 인류를 구원하신 예수님을 따르는 사람들이었기 때문입니다. 어떤 힘과 권세도 이 땅에서 하나님의 정의와 공의를 무너뜨릴 수는 없습니다.

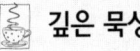 **깊은 묵상**

1. 하나님의 성품에는 정의와 사랑이 공존하고 있습니다. 이것이 어떻게 공존할 수 있는지 하나님의 성품에 대해 이야기해 봅시다. 성경을 보면서 불의한 시대와 공의로운 시대의 특징에 대해 각각 이야기해 봅시다.

2. 성경적 정의와 공의의 관점으로 볼 때 우리 시대는 어떤 상황에 처해 있습니까? 그 속에서 교회와 기독인들은 어떤 모습으로 서 있습니까? 교회와 기독인들이 어떤 역할을 수행하는 것이 필요할까요?

하나님께서는 정의로 세상을 다스리십니다. 우리 공동체 안에서 공의롭지 못한 것이 있다면 그 내용을 적어보고 어떤 모습으로 바뀌어야 하는지 적어봅시다.

1. 가정 :
2. 교회 :
3. 이웃 :

☺ 정직한 기도

힘의 논리에 의해 왜곡된 세상적인 정의가 아니라 약자들을 변론하고 그들을 위로하는 하나님의 온전한 정의가 이 땅에 실현되게 하소서.

🏦 미션 뱅크

기업이 사회적 책임(인권, 노동, 환경 등)을 다하고 있는지 관심 가지고 소비하기

정의 2 정의의 우선성

오직 정의를 행하며 인자를 사랑하며 겸손하게 네 하나님과 함께 행하는
것이 아니냐 (미 6:8)

🛏 오늘의 말씀

6 내가 무엇을 가지고 여호와 앞에 나아가며 높으신 하나님께 경
배할까 내가 번제물로 일 년 된 송아지를 가지고 그 앞에 나아갈
까 7 여호와께서 천천의 숫양이나 만만의 강물 같은 기름을 기뻐
하실까 내 허물을 위하여 내 맏아들을, 내 영혼의 죄로 말미암아
내 몸의 열매를 드릴까 8 사람아 주께서 선한 것이 무엇임을 네
게 보이셨나니 여호와께서 네게 구하시는 것은 오직 정의를 행하
며 인자를 사랑하며 겸손하게 네 하나님과 함께 행하는 것이 아
니냐 (미6:6-8)

☲ 말씀 나누기

『성공하는 사람들의 7가지 습관』으로 유명한 스티븐 코비는 소중한 일
을 먼저 하라는 원칙을 제시합니다. 많은 사람들이 급한 일이나 중요하지
않은 일에 시간을 낭비하며 비본질적인 일에 얽매여 살고 있기 때문입니
다. 당장은 중요하지 않은 것처럼 보이는 일이 실제로는 가장 중요한 일인

경우가 많습니다.

신앙생활에 있어서도 우선적으로 지키고 따라야 할 원칙이 있습니다. 그것은 하나님을 예배하는 것입니다. 예배는 삶의 우선순위가 하나님께 있음을 고백하는 것입니다. 그러나 예배하는 자들에게 있어야 할 중요한 가치가 있습니다. 미가 선지자는 하나님께서 예배하는 자들을 향하여 구하시는 것이 무엇인지를 분명히 합니다(미 6:8). 그것은 우리가 하나님 앞에서 행해야 할 세 가지인 공의, 자비, 겸손입니다. 이것이 없는 예배는 하나님 앞에 의미가 없습니다. 그런데 그중에서 가장 먼저 언급된 것이 공의입니다. 하나님께서는 절기를 지키고, 성회를 열고, 제물을 드리고, 비파와 수금으로 하나님을 찬양하여도 그들 안에 공의가 없다면 이 모든 것을 받지 않겠다고 말씀하십니다. 성경이 정의의 우선성을 강조한 것입니다.

누가복음 10장에는 강도 만난 사람을 도와준 선한 사마리아인에 대한 이야기가 나옵니다. 강도를 만난 사람을 제사장과 레위인은 외면했지만 사마리아인이 그를 도움으로써 강도 만난 사람은 구제받을 수 있었습니다. 그러나 이 사건을 보다 확대 해석해 본다면 몇 가지 질문을 던질 수 있습니다. 왜 강도가 출몰하고 있는 상황에서 그 지역의 관료들은 아무 대책도 마련하고 있지 않았을까요? 더 나아가 왜 강도들이 등장하게 되었을까요? 공권력을 통해서 강도를 예방하고 단속을 강화하지 않는다면 강도 만난 사람은 계속 발생하게 됩니다. 또한 사회복지에 투자하고 실업문제를 해소하지 않는다면 경제적 고통을 견디기 어려운 사람들은 언제든지 강도로 돌변할 수가 있습니다.

이것은 자비보다는 정의의 차원해서 문제를 해결하지 않으면 문제의 본질을 해결하기 어렵다는 것을 보여 줍니다. 정의를 실현하면 자비로 풀 수 있는 문제가 줄게 됩니다. 하나님은 예배로 나아오는 사람들에게도 그들이 먼저 하나님의 정의를 실현하기를 원하십니다. 공의와 정의가 없는 제사는 여호와께서 기쁘게 여기지 않습니다(잠 21:3).

어떤 영화에 구치소를 방문한 기독인들이 수감자들 앞에서 찬송을 부르며 예배를 드리는 장면이 나왔습니다. 범죄한 사람들을 위로하고 그들을 다시 하나님께 돌아오는 것을 도우려는 기독인들의 행위는 분명 칭찬받아야 합니다. 하지만 교회와 기독인들은 이 영화의 한 장면처럼 범죄의 원인에 대해서는 어떤 역할도 하지 못하면서 범죄한 사람들을 돌아보는 것으로 위안을 삼고 있습니다. 이 시대가 어떤 상황에 처해 있으며 그들은 왜 범죄하게 되었는지에 대한 이해보다는 그들을 변화의 대상으로만 여기는 맹목적인 태도를 갖고 있는 것을 종종 봅니다.

현재 교회는 이웃을 돕는 일에는 어느 정도의 관심은 가지고 있으나, 하나님의 정의를 실현하는 일에는 그다지 관심을 보이지 않고 있습니다. 이것은 균형 잡히 모습이 아닙니다. 교회가 개인 중심적 신앙과 내적인 성장에만 몰두하고 있다면 하나님과 함께 하는 곳이 아닙니다. 하나님이 기뻐하시는 교회는 세상을 향한 하나님의 마음으로 나타나야 합니다. 그러므로 성경은 이러한 교회의 모습에 대해 진정한 신앙의 모습을 회복할 것을 끊임없이 요구하고 있습니다. 이사야 1장에 그런 하나님의 마음이 잘 나타나 있습니다.

●　●　● 헛된 제물을 다시 가져오지 말라 분향은 내가 가증히 여기는 바요 월삭과 안식일과 대회로 모이는 것도 그러하니 성회와 아울러 악을 행하는 것을 내가 견디지 못하겠노라(13절). 내 마음이 너희의 월삭과 정한 절기를 싫어하나니 그것이 내게 무거운 짐이라 내가 지기에 곤비하였느니라(14절). 선행을 배우며 정의를 구하며 학대 받는 자를 도와주며 고아를 위하여 신원하며 과부를 위하여 변호하라 하셨느니라(17절).

존 롤즈는 사회정의론에서 정의의 우선성을 다음과 같이 강조했습니다. "사상 체계의 제1덕목을 진리라고 한다면 정의(正義)는 사회 제도의 제1덕목이다. 이론이 아무리 정치(精緻)하고 간명하다 할지라도 그것이 진리가 아니라면 배척되거나 수정되어야 하듯이, 법이나 제도가 아무리 효율적이고 정연한 것일지라도 그것이 정당하지 못하면 개혁되거나 폐기되어야 한다."

지금 우리가 살아가는 세계의 어느 곳에서는 여전히 억압과 착취와 폭력의 피해자로 살아가야 하는 사람들이 있습니다. 하나님은 우리의 진정한 예배는 바로 이런 고통 가운데 있는 사람들을 돌아볼 때 그 예배가 진정한 의미가 있다고 말씀하십니다. 신앙생활에 있어서 하나님의 정의를 실현하는 것은 책임과 의무이면서 우선성의 문제이기도 합니다. 하나님은 우리를 통해서 이 땅을 정의로 다스리길 원하십니다.

깊은 묵상

1. 당신은 예배와 자비의 문제를 넘어서 하나님의 정의를 실천한 경험이 있습니까? 의로운 세상을 위해 교회와 기독인들은 얼마나 공헌하고 있다고 생각합니까?

2. 오늘날 우리 사회가 직면한 문제들이 무엇이고, 그 문제들을 해결하기 위해서 어떤 노력이 필요할까요?

삶에 적용

우리가 속한 신앙공동체에서 예배를 넘어 행할 수 있는 자비와 공의는 무엇이 있는지 적어보고, 이것을 실천하기 위해서 할 수 있는 일들을 한 가지씩 적어보고 시도해 봅시다.

1. 가정 :
2. 교회 :
3. 이웃 :

정직한 기도

한국교회와 기독인들이 이 땅에서 고통 받는 사람들의 문제를 위해 적극적으로 기도하고 행동하여 이 땅에서 하나님의 정의를 이루게 하소서.

미션 뱅크

공정무역 제품(초콜릿, 축구공, 커피 등)도 구입하기

정의 3 권력의 주인은 하나님

너는 어느 지방에서든지 빈민을 학대하는 것과 정의와 공의를 짓밟는 것을
볼지라도 그것을 이상히 여기지 말라 높은 자는 더 높은 자가 감찰하고 또
그들보다 더 높은 자들도 있음이니라 (전 5:8)

오늘의 말씀

7 꿈이 많으면 헛된 일들이 많아지고 말이 많아도 그러하니 오직
너는 하나님을 경외할지니라 8 너는 어느 지방에서든지 빈민을
학대하는 것과 정의와 공의를 짓밟는 것을 볼지라도 그것을 이상
히 여기지 말라 높은 자는 더 높은 자가 감찰하고 또 그들보다 더
높은 자들도 있음이니라 9 땅의 소산물은 모든 사람을 위하여 있
나니 왕도 밭의 소산을 받느니라 (전 5:7-9)

말씀 나누기

역사를 돌이켜볼 때 가장 암울한 시대는 거대한 권력을 잡은 통치자들
이 악을 행할 때였습니다. 20세기에 히틀러의 야만이 유럽을 휩쓸고, 제국
주의 국가들이 식민 지배를 통해 많은 나라를 불행하게 만든 것이 대표적
인 예입니다. 권력을 가진 지도자 한 사람의 결정과 행동은 너무나 큰 영향
력을 미치기에 늘 조심스러울 수밖에 없습니다.

그래서 하나님께서는 왕들을 향하여 정의를 힘써 행하라고 말씀하십니다. 왕이 정의를 행하는 것은 하나님의 일차적 요구였으며, 율법을 통해 정해진 하나님의 명령이었습니다(신 16:18~20). 현대 사회는 권력이 대중으로부터 부여된 것이라고 인식하고 있지만 성경은 모든 권력이 하나님께로부터 나온 것이라고 말하고 있습니다(롬 13:1). 따라서 모든 권력은 하나님의 뜻대로 사용되어져야 합니다.

시편 72편은 왕을 위한 기도로 왕이 올바른 통치를 행하기 위해서 하나님께서 허락하신 공의가 필요함을 간구하는 내용이 담겨 있습니다. "하나님이여 주의 판단력을 왕에게 주시고 주의 공의를 왕의 아들에게 주소서 그가 주의 백성을 공의로 재판하며 주의 가난한 자를 정의로 재판하리니"(시 72:1-2) 공의로 통치하는 것이 왕의 가장 중요한 덕목임을 알 수 있습니다. 반면에 선지서에는 정의로 통치하지 않는 지도자들을 향한 하나님의 심판이 계속적으로 선포되고 있는 것을 볼 수 있습니다. 실제로 그 심판은 이스라엘의 많은 왕들에게서 현실화되었습니다.

솔로몬의 아들 르호보암도 백성을 향한 공의로운 통치를 감당하지 못해 이스라엘을 불행하게 만든 왕입니다. 그는 과도한 세금과 부역으로 고통당하는 백성들의 요구를 받아들이지 않았습니다. 지혜로운 노인들의 말을 듣지 않고 백성들의 삶을 알지 못하는 소년들의 말을 듣고 혹독한 정책을 펼치다 결국 국가를 분열에 이르게 하고 말았습니다.

● ● ● ● 베트남의 영웅적 지도자인 호치민은 그의 곁에 늘 정약용 선생님의 목민심서를 두고 읽었다고 합니다. 목민심서는 한 나라의 지도자가 어떤 삶을 살아야 하는지를 가장 잘 설명하고 있는 책입니다. 그 책에는 "백성들의 호소를 보면 지도자가 정치를 잘 하는지 못하는지를 알 수 있다"는 말이 나옵니다. 현재 일어나는 일들은 반드시 지도자의 통치행위와 직결되어 있다는 것입니다. 따라서 현재 억울한 하소연을 하는 백성이 많으면 지도자가 올바른 정치를 하지 못하기 때문이라는 것입니다.

전도서 기자는 불의한 일들이 이곳저곳에서 일어나는 것을 볼 때에 이상히 여기지 말라고 말합니다. 즉 '하나님께서 이러한 불의를 그냥 보고 계십니까? 도대체 하나님, 어디 계십니까?' 하지 말라는 것입니다. 하나님은 연약한 자를 학대하는 자들에 대하여 보고 계시며 심판할 것임을 말씀합니다. 하나님께서 헛된 권력을 행사하는 자들을 보고 있습니다. 그리고 때가 되면 그 권력을 회수할 것입니다(전 5:8).

모든 권력은 하나님께로부터 나온 것이지만, 그 권력이 하나님의 뜻과 달리 불의한 통치를 일삼는다면 그 권력은 더 이상 하나님이 부여한 권력으로 볼 수 없습니다. 루소는 그의 책 『사회계약설』에서 모든 권력이 하나님께로부터 온 것을 인정하지만 불의한 권력은 하나님이 허락하신 전염병과 같다고 했습니다. 그래서 불의한 권력은 복종이 아니라 저항의 대상이 되어야 한다고 보았습니다.

민주주의 국가에서 지도자를 뽑는 직접선거는 민주제의 가장 중요한 요소가 되었습니다. 실제로 직접 민주주의는 불의한 지도자를 어느 정도 차단하거나 견제할 수 있는 장치입니다. 그러나 민의가 반영되는 선거에서도 권력은 조작되고 왜곡되기 쉽습니다. 여론에 의해서 포장된 지도자의 실체를 파악하기가 어렵습니다. 히틀러 역시 합법적인 선거로 당선된 지도자였음을 잊지 말아야 합니다. 사람들은 외모를 취하지만 하나님은 중심을 보십니다(삼상 16:7). 따라서 현대 사회에서 더 올바른 지도자를 세우기 위해 노력해야 합니다.

성경이 말하는 의로운 지도자는 임의로 주관하며 권세를 부리는 자들이 아니라 종의 모습으로 섬기는 사람입니다(마 20:25-28). 또한 그는 백성을 공의로 다스리는 사람으로 하나님의 사람 다윗의 통치가 그러했습니다(삼하 8:15). 이런 지도자는 하나님을 경외함으로 스스로를 겸손히 낮추는 사람입니다. 그러나 교만한 지도자는 스스로 높아져 백성을 짓밟고 억압하다 느브갓네살 왕처럼 결국 하나님의 심판을 받게 됩니다(단 5:19-20).

지금 이 땅 곳곳에서는 불의한 지도자들에 의해서 많은 사람들이 여전히 고통 가운데 살아가고 있습니다. 교회와 기독인들은 계속해서 하나님의 공의로운 통치가 실현될 수 있도록 노력해야 합니다. 또한 하나님의 이 모든 것이 이루어지도록 깨어서 열심히 기도해야 합니다. "그 정사와 평강의 더함이 무궁하며 또 다윗의 왕좌와 그의 나라에 군림하여 그 나라를 굳게 세우고 지금 이후로 영원히 정의와 공의로 그것을 보존하실 것이라 만국의

여호와의 열심히 이를 이루시리라"(사9:7)

깊은 묵상

1. 성경에 등장하는 의로운 지도자와 불의한 지도자들을 볼 때에 의로운 지도자가 갖추어야 할 덕목은 무엇이고, 피해야 할 덕목은 무엇인가요?

2. 교회와 기독인들의 가장 중요한 의무는 하나님을 경외하고 백성을 공의로 다스리는 지도자를 세우는 것입니다. 우리 사회에서 교회와 지도자들은 이것을 위해서 어떤 역할을 감당하고 있습니까?

🖐 삶에 적용

선거 때 올바른 지도자를 뽑기 위해 할 수 있는 일들을 적어보고, 평소에 우리 삶과 밀접한 곳에 있는 지도자들을 견제하고 그들의 권력이 남용되지 않도록 할 수 있는 일들에 대해서 적어봅시다.

1. 가정 :
2. 교회 :
3. 이웃 :

☺ 정직한 기도

이 땅의 지도자들에게 하나님의 의로운 마음을 부어 주시고, 그들이 하나님의 공평과 정의로 백성을 섬기는 지도자들이 되게 하소서. 무엇보다 정치적으로 낙후된 나라들에서 하나님의 정의가 실현되게 하소서.

🧎 미션 뱅크

국회의원(지방의회의원)/ 시 · 군 · 구청 홈페이지에 들어가 보기

정의 4 성경의 법과 제도

여호와의 법도 진실하여 다 의로우니 (시 19:9)

📖 오늘의 말씀

> 7 여호와의 율법은 완전하여 영혼을 소성시키며 여호와의 증거
> 는 확실하여 우둔한 자를 지혜롭게 하며 8 여호와의 교훈은 정직
> 하여 마음을 기쁘게 하고 여호와의 계명은 순결하여 눈을 밝게
> 하시도다 9 여호와를 경외하는 도는 정결하여 영원까지 이르고
> 여호와의 법도 진실하여 다 의로우니 10 금 곧 많은 순금보다 더
> 사모할 것이며 꿀과 송이꿀보다 더 달도다 (시 19:7-10)

✍️ 말씀 나누기

"악법도 법이다?"

소크라테스는 죽음을 피할 수 있는 기회를 포기하고, 악법도 법이라는
명언을 남기고 독배를 마신 후 죽음을 선택했습니다. 소크라테스의 소신에
도 불구하고 악법은 한 시대의 위대한 철학자를 죽음에 이르게 하고 말았
습니다. 역사적 암흑기에는 불의한 법령이 수많은 사람을 고통과 죽음으로

몰아갔습니다.

성경에는 하나님께서 인간에게 명하신 율법들이 담겨 있습니다. 하나님께서 이 율법들을 인간에게 허락하신 이유는 무엇일까요? 성경은 율법을 통해 정의를 행하시는 하나님과 기쁨으로 그 법을 통해서 행복한 삶을 누리는 인간의 모습을 보여 주고 있습니다. 성경에는 악법이 없습니다. 하나님이 인간에게 허락하신 법은 그 자체로 정의와 사랑입니다. 하나님의 법이 국가에서 구체적으로 실행되었다면 소크라테스 같은 억울한 일은 발생하지 않았을 것입니다.

현대인들은 구약에 대한 잘못된 이해로 율법이 인간을 옥죄는 것이므로 폐기되어야 할 법으로 여깁니다. 하지만 시편 기자는 하나님의 법을 기뻐하고 즐거워하며 사모한다고 말합니다. 그에게 있어서 하나님의 법은 어떤 것보다도 유익한 보물이었습니다. 그 법은 영혼을 소생시키며, 지혜롭게 하고, 정직히 행하게 하며, 마음을 기쁘게 하며, 사물을 판단하는데 실수하지 않도록 눈을 밝게 합니다. 그러므로 순금보다 더 사모할 가치가 있습니다. 하나님의 법이 바로 시행 될 때 참된 샬롬(평화)을 누리게 됩니다 (시 19:7-10).

율법을 매개로 한 하나님과 인간의 관계는 그 법을 지키고 따르는 인간에 의해서 그 결과가 달라질 때가 많았습니다. 사람들이 기쁨과 즐거움으로 그 법을 지키고 따랐을 때는 풍성한 삶을 누렸지만 하나님의 법을 떠나

범죄할 때는 심판을 받았습니다. 그래서 이사야 기자는 하나님의 정의를 지키고 행할 때 심판 가운데 있는 백성들이 회복될 수 있다고 말합니다(사 1:27).

특히 성경은 입법부과 사법부의 중심에 서서 불의한 법을 만들고, 그 법을 이용해 불공정한 판결을 내려 백성들의 권리를 박탈하고, 그들의 가진 재산을 약탈하고, 약자들을 억압하는 자들의 행위가 불법이며, 결국 그들의 행위에 대해 심판을 받게 될 것을 분명하게 말씀하고 있습니다(사 10:1-2).

성경의 율법에는 다양한 하나님의 정의가 나타나 있습니다. 십일조, 면제년, 안식년, 희년 등의 경제법은 분배와 성장을 동시에 추구할 뿐만 아니라 경제적 약자들을 보호하고 있습니다. 동해복수법은 흔히 사람들이 알고 있는 것처럼 상대방의 가해행위만큼 복수하는 것이 아니라 지나치게 과도하게 처벌하는 것을 막기 위한 제도적 장치였습니다. 도망친 노예는 주인에게 돌아가지 않고 도피처를 찾을 수 있는 선택이 허용되었습니다. 채권자의 법적인 권리보다는 채무자의 형편이 더 고려되었습니다. 이러한 법들은 이스라엘을 제외한 이방 나라에서는 볼 수 없는 법들이었습니다.

● ● ● 영국의 윌리암 윌버포스는 200년 전 신앙의 양심을 가지고 영국의 노예무역 제도와 싸워 승리함으로 영국 사회에서 노예제도를 없애는 결정적인 공헌을 했습니다. 당시 윌버포스는 대국회 논쟁에서 반대자들을 향해 이렇게 항변했습니다. "영국이 진정으로 위

대한 나라가 되고자 한다면 하나님의 법을 지켜야 하는데, 노예제도는 분명 하나님을 자극하는 일이다. 기독교 국가를 자처하는 영국이 황금에 눈이 어두워 노예 제도를 용인하고 있다니, 이러고도 오래 살아남은 제국은 역사에 없었다." 당시 영국은 기독교를 기반으로 하는 국가였지만 모든 예배자가 기독교적인 가치와 정의를 외면하고 있을 때 윌버포스는 다시 기독교적인 정신과 하나님의 정의를 위해 싸운 것입니다.

기독교의 역사를 보면 불의한 법과 정부를 향해 저항한 사람들이 많습니다. 그들은 국가 내에 존재하는 법과 제도가 하나님의 법과 대립될 때 과감히 하나님의 법을 따르기 위해서 현실의 법과 제도를 거부함으로 온갖 위협을 감수해야만 했습니다. 법과 제도에 관한 성경적 관점은 의로운 법을 지키고 불의한 법에 저항하는 것입니다.

현대 민주주의는 법치주의를 표방하고 있습니다. 법은 사회 곳곳에서 강력한 영향력을 미치고 있습니다. 따라서 올바른 입법이 무엇보다 중요합니다. 법의 제정 목적이 소수의 사람들에게 돌아갈 혜택을 위한 것이 되어서는 안 됩니다. 어느 누구도 법의 일방적인 희생양이 되지 않도록 입법과정이 검증되어야 합니다. 여기에 대중의 정치적 책임이 수반됩니다. 성경의 법이 추구했던 것처럼 하나님의 정의와 사랑을 실천할 수 있는 대안적인 법안을 만들어 내야 합니다. 경제적인 양극화가 심화되고, 교육의 공평권이 무너지고 있으며, 많은 사람들이 기본적인 생존권조차 위협받는 현대 사회에서 다시 성경적인 원리에 입각한 법들이 만들어져야 합니다. 이런 일들을 위해서 기독인들이 누구보다도 관심을 가지고 기도하며 구체적인 실천을 실행하여야 합니다.

 깊은 묵상

1. 성경에 나타난 하나님의 법이 완전하다는 것을 어떻게 확신할 수 있습니까?

2. 당신은 부조리한 법으로 피해를 경험한 적이 있습니까? 당신이 입법자라면 그 법을 어떻게 바꾸시겠습니까?

🐟 삶에 적용

세상을 바꾸는 것은 아주 작은 행동과 실천으로부터 시작됩니다. 우리 공동체에서 고쳐져야 할 습관적인 행위가 있다면 무엇이 있는지 한 가지씩 적어보고 공동체 식구들과 함께 나누어 봅시다.

1. 가정 :
2. 교회 :
3. 이웃 :

☺ 정직한 기도

여호와의 율법을 즐거워하며 그 율법을 주야로 묵상하는 삶을 살게 하시고, 이 세상의 법과 제도가 여호와의 법처럼 진실하며 의롭게 하소서.

🏯 미션 뱅크

아파트 반상회, 주민 회의 등에 참석하기

정의 5 사회적 약자 보호

여호와께서 이와 같이 말씀하시되 너희가 정의와 공의를 행하여 탈취 당한 자를 압박하는 자의 손에서 건지고 이방인과 고아와 과부를 압제하거나 학대하지 말며 이 곳에서 무죄한 피를 흘리지 말라 (렘 22:3)

오늘의 말씀

1 여호와께서 이와 같이 말씀하시되 너는 유다 왕의 집에 내려가서 거기에서 이 말을 선언하여 2 이르기를 다윗의 왕위에 앉은 유다 왕이여 너와 네 신하와 이 문들로 들어오는 네 백성은 여호와의 말씀을 들을지니라 3 여호와께서 이와 같이 말씀하시되 너희가 정의와 공의를 행하여 탈취 당한 자를 압박하는 자의 손에서 건지고 이방인과 고아와 과부를 압제하거나 학대하지 말며 이곳에서 무죄한 피를 흘리지 말라 4 너희가 참으로 이 말을 준행하면 다윗의 왕위에 앉을 왕들과 신하들과 백성이 병거와 말을 타고 이 집 문으로 들어오게 되리라 5 그러나 너희가 이 말을 듣지 아니하면 내가 나를 두고 맹세하노니 이 집이 황폐하리라 여호와의 말씀이니라 (렘 22:1-5)

말씀 나누기

"하나님은 가난한 자를 편애하신다?"

크리스토퍼 라이트는 『현대를 위한 구약윤리』에서 약자와 가난한 자들에 대한 관심은 틀림없지만 그것이 하나님의 편향적이거나 자의적인 편파성을 의미하는 것이 아님을 강조합니다. 하나님과 마찬가지로 죄는 사람을 차별하지 않는데, 가난한 자들 역시 죄인이기 때문입니다. 따라서 부패한 민족에 대한 심판에는 가난한 자와 고아와 과부까지 포함되는 것을 볼 수 있습니다(사 9:14-17).

그렇다면 성경이 약자와 가난한 자들에 대해 관심을 갖고 그들을 도우라고 요구하는 이유는 무엇일까요? 그것은 사회적 약자들이 스스로 그 불행에서 탈출하지 못한 채 만성적인 고통에서 벗어나지 못하기 때문입니다. 그들은 누군가 돕지 않으면 스스로 살아갈 수 없는 사람들입니다. 고아의 아버지가 되시는 하나님은 그런 사람들을 도와 구제하기를 원하십니다.

로날드 사이더는 이런 하나님의 사랑을 허약한 자식에 대한 부모의 사랑으로 표현했습니다. 부모라면 어떤 자식이든지 차별하지 않고 사랑하는 것이 부모 마음일 것입니다. 그러나 여러 자녀 중에서 특별히 병이 있거나 허약한 자녀가 있다면 부모는 그 자녀에게 더 마음이 갈 수밖에 없습니다. 가난한 사람들과 연약한 사람들에 대한 하나님의 마음도 마찬가지입니다. 가난한 사람과 부유한 사람을 모두 사랑하지만 특별히 고통 가운데 있는 사람에게 더 관심을 갖게 되는 것이 하나님의 마음입니다.

에레미야 선지자를 통하여 하나님은 이스라엘 백성이 살길을 알려 주십니다. 그 길은 공평과 정의를 행하는 것이고, 압박자의 손에서 탈취당한 자를 건지는 것이며, 사회적 약자들인 이방인과 고아와 과부를 학대하지 않는 것입니다(렘 2:3). 이 말을 준행하면 다윗의 집안이 견고하겠지만 그렇지 않다면 황무지가 될 것을 경고하고 있습니다(렘 2:4-5).

하나님께서 공평과 정의를 얼마나 중요하게 여기는지 보여 주시는 말씀입니다. 또한 사회적 약자에 대한 하나님의 마음을 알려 주고 있습니다. 특별히 구약은 사회적 약자를 고아와 과부 그리고 나그네와 이방인으로 표현하고 있습니다. 이들의 특징은 노동력이 없거나 토지와 같은 생산수단이 없어서 필연적으로 가난한 삶을 살 수밖에 없는 사람들입니다. 누군가 이들을 돌보거나 돕지 않으면 홀로 살아갈 수 없는 사람들입니다. 이들은 법으로 보호받지 못하면 언제든지 강자들의 희생양이 될 가능성이 높은 사람들입니다. 그래서 성경은 정의를 구하여 학대 받는 고아와 과부를 위하여 신원하고 변호하라고 이야기하고 있습니다(사 1:17). 최소한의 생존권을 보장하도록 요구하고 있습니다(신 24:17).

또한 하나님께서는 사회구조나 자연재해 등으로 고통 받는 사람들을 돌아보기를 원하십니다. 특히 잘못된 권력의 남용으로 약자들이 피해 받지 않도록 정의와 공의를 행하라고 성경은 요구하고 있습니다. 성경은 전체적으로 약자의 형편이 강자의 법적 권리보다 우선권을 부여받도록 요청하고 있습니다.

● ● ● 가난한 옹기장수의 옹기가 실린 지게가 갑자기 일어난 돌풍 때문에 넘어져 옹기가 모두 깨지고 말았다. 옹기장수는 혹시나 하

는 마음으로 원님을 찾아갔다. "갑작스런 돌풍 때문에 지게가 넘어져 옹기가 다 깨져 버렸습니다. 먹고 살 길이 막막해 이렇게 나리를 찾아왔습니다." 고민에 빠진 원님은 갑자기 무릎을 탁 치더니 아랫사람을 시켜 고을의 사공들을 모두 불러들였다. "듣자하니 어제 바람이 많았다고 하는데 그 바람 덕분에 배를 빨리 몰았으니 수입이 좋았겠구나?" 사공들은 모두 그렇다고 대답했다. "너희들이 바람의 덕을 보는 사이 옹기장수는 바람으로 인해 손해를 보았다. 이유 없이 거저 이익을 얻은 너희들이 이유 없이 손해 본 옹기장수의 옹기 값을 물어야 하지 않겠느냐?" 원님은 사공들에게 한 푼씩 거둬 옹기장수에게 주도록 했다.

인생을 살아가다 보면 누구나 예측하지 못한 재해나 실패를 경험하게 됩니다. 이런 상황에서 개인들을 지켜줄 수 있는 제도적 장치가 마련되어야 합니다. 우리 사회는 구조적인 문제로 인한 피해자들이 넘치고 있는데, 그들을 돕기 위한 제도적 장치는 아직도 미약합니다. 지나친 개인주의와 이기주의를 넘어서 공동체 의식을 가지고 접근할 때 사회적 합의를 통해서 그들을 돕기 위한 다양한 장치를 마련할 수 있을 것입니다. 성경적 가르침이 그것을 뒷받침하고 있습니다.

기독인들은 경건한 삶을 지나치게 종교 행위적인 것으로 이해하는 경우가 많습니다. 그러나 성경은 경건에 대해서 이렇게 이야기하고 있습니다. "하나님 아버지 앞에서 정결하고 더러움이 없는 경건은 곧 고아와 과부를 그 환난중에 돌보고 또 자기를 지켜 세속에 물들지 아니하는 그것이니라"(약 1:27) 경건한 삶은 다른 어떤 일보다 우리 주변에 있는 연약한 사람들을 돌아보는 것입니다. 지금 교회와 기독인들에게 필요한 것은 화려한 예배보다는 하나님 앞에서 정결하고 더러움이 없는 경건을 회복하는 것입니다.

깊은 묵상

1. 당신은 힘든 순간에 하나님의 위로를 경험한 적이 있습니까? 그리고 그런 하나님의 위로를 동일하게 다른 사람들에게 베푼 경험이 있습니까?

2. 우리 주변에 있는 사회적 약자들에게 교회와 기독인들이 충분한 도움을 주고 있다고 생각하십니까?

🐟 삶에 적용

주변에 어려움을 겪고 있는 사람들을 돕기 위해 할 수 있는 일 한 가지를 택해서 실천해 봅시다. 그리고 그 일들을 주변 사람들과 나누면서 동역을 제안해 봅시다.

1. 가정 :
2. 교회 :
3. 이웃 :

☺ 정직한 기도

한국교회가 가난한 이웃들을 돌보는 일에 적극적으로 나서게 하시고, 이 땅의 나그네와 이방인 같은 이주 노동자들을 섬기고 돌보게 하소서.

🖼 미션 뱅크

텔레비전이나 라디오의 시사 프로그램을 하나 이상 시청/ 청취하기

정의 6 의를 추구하는 삶

무릇 의인들의 길은 여호와께서 인정하시나 악인들의 길은 망하리로다
(시 1:6)

🖼️ 오늘의 말씀

1 복 있는 사람은 악인들의 꾀를 따르지 아니하며 죄인들의 길에 서지 아니하며 오만한 자들의 자리에 앉지 아니하고 2 오직 여호와의 율법을 즐거워하여 그의 율법을 주야로 묵상하는도다 3 그는 시냇가에 심은 나무가 철을 따라 열매를 맺으며 그 잎사귀가 마르지 아니함 같으니 그가 하는 모든 일이 다 형통하리로다 4 악인들은 그렇지 아니함이여 오직 바람에 나는 겨와 같도다 5 그러므로 악인들은 심판을 견디지 못하며 죄인들이 의인들의 모임에 들지 못하리로다 6 무릇 의인들의 길은 여호와께서 인정하시나 악인들의 길은 망하리로다 (시 1:1-6)

📖 말씀나누기

"나에게는 꿈이 있습니다!"

성경의 역사는 의를 추구했던 사람들의 역사이기도 합니다. 하나님은 하나님의 나라와 의를 구했던 사람들을 통해서 역사를 진전시켰으며 그들

을 통해서 인류는 진보할 수 있었습니다. 그러나 의를 추구하는 사람이 사라진 시대는 역사의 암흑기였습니다. 소돔과 고모라는 의인 10명이 없어서 결국 하나님의 심판을 받았습니다. 많은 사람들은 넓은 길로 다니려고 합니다. 그러나 의인의 길은 좁은 길입니다. 그래서 그 길로 다니는 사람은 드뭅니다.

그렇다면 의로운 삶을 추구하는 사람의 특징은 무엇일까요? 그들은 무엇보다 하나님의 말씀대로 살아가는 사람입니다. 시편 기자는 의인을 복있는 사람이라고 합니다(시 1:1). 그는 늘 여호와의 말씀을 즐거워하여 그 말씀을 주야로 묵상하는 사람입니다(시 1:2). 악인은 오직 자신의 뜻과 생각대로 살아가지만 의인은 오직 하나님의 말씀과 뜻대로 살아갑니다. 그래서 의인의 길은 기쁨이 넘치지만 악인의 길은 늘 고난과 고통이 뒤따릅니다(시 1:5). 의인의 길은 여호와께서 인정하시나 악인의 길은 결국 실패로 끝나게 됩니다(시 1:6). 이것이 하나님께서 의의 길을 걸어 갈 것을 촉구하시는 이유입니다. 그리스도인은 바로 하나님이 인정하시는 길을 가는 사람입니다. 하나님의 마음을 가지고 세상을 향하여 달려가는 자입니다. 어떠한 일이 일어날지 모르지만 하나님의 영광을 위하여 멈추지 않습니다.

하나님이 인정하는 의로운 사람은 꿈을 꾸는 사람입니다. 당장 눈앞에 보이는 현실이 암울하지만 하나님의 역사가 이루어질 미래를 내다보는 사람입니다. 다니엘은 멸망한 유다로부터 바벨론의 포로로 끌려가 이방나라를 섬길 수밖에 없었지만, 하나님이 보여 주시는 미래를 보며 산 사람이었습니다. 하나님의 꿈을 꾸는 사람에게는 세상을 변화시키는 강력한 힘이 있습니다. 이런 사람들은 현실에 안주하지 않고 변화를 위해 고군분투하는 사람들입니다. 그들은 하나님께 온전한 믿음을 드렸으며 하나님의 나라를 위해서 기꺼이 자신들의 목숨까지도 내어놓는 사람들이었습니다.

● ● ● 나에게는 꿈이 있습니다. 언젠가 이 나라가 '모든 인간은 평등하게 태어났다'는 것을 자명한 진실로 받아들이고, 그 진정한 의미를 신조로 살아가게 되는 날이 오리라는 꿈입니다. 언젠가는 조지아의 붉은 언덕 위에 예전에 노예였던 부모의 자식과 그 노예의 주인이었던 부모의 자식들이 형제애의 식탁에 함께 둘러앉는 날이 오리라는 꿈입니다. 언젠가는 불의와 억압의 열기에 신음하던 저 황폐한 미시시피 주가 자유와 평등의 오아시스가 될 것이라는 꿈입니다. 나의 네 자녀들이 피부색이 아니라 인격에 따라 평가받는 그런 나라에 살게 되는 날이 오리라는 꿈입니다.

1950년대에서 60년대까지 미국의 인권운동을 이끌었던 마틴 루터 킹 목사도 불의한 현실에 맞섰던 사람이었습니다. 그의 꿈과 비전은 그가 떠난 이후 미국에서 현실화되었습니다.

하나님이 인정하는 의인은 사람들에게 정의를 전파하는 전염성을 가진 사람입니다. 바리새인을 포함한 율법주의자들은 죄인을 정죄할 뿐 변화를 가져오지는 못했습니다. 반면에 예수님 주변에는 세리와 창녀 같은 죄인들이 대부분이었지만, 그들이 예수님을 만나면서 죄를 떠나 하나님의 나라와 의를 구하는 모습으로 바뀌어갔습니다. 갈릴리 해변에서 시작된 예수님의 하나님 나라 운동은 지금도 세계 곳곳을 향해서 퍼져가고 있습니다.

또한 의의 길을 걸어가는 사람은 수많은 난관에도 결코 좌절하거나 절망하지 않습니다. 오히려 그 길을 걸어가는 것을 기쁘게 여깁니다(잠 21:15). 사도 바울은 온갖 고난과 핍박 가운데에서도 하나님의 의를 이루는 것을 가장 큰 기쁨으로 여겼습니다. 세례 요한은 예수님은 흥하고 자신은 쇠하여야 한다고 말하면서도 그것을 기쁨으로 받아들였습니다. 의인은 자신의 상황은 나빠져도 하나님의 영광이 드러나는 것을 기뻐하는 사람입니다.

그리고 의를 추구하는 사람은 자신의 연약한 삶을 하나님께서 사용하심에 감사합니다. 믿음의 사람들은 자신의 의가 아니라 하나님의 은혜로 쓰임 받는 것을 알고 있습니다. 그래서 하나님의 일을 할 때 자신의 힘과 능으로 하지 않고 오직 하나님을 의지합니다(고후 12:9-10).

이런 사람들을 향해 하나님은 그의 나라와 의를 구하면 모든 것을 더하시겠다고 약속하셨습니다. 그래서 하나님의 나라와 의를 구하는 사람은 부족함이 없는 사람입니다. 정의로운 삶을 추구하는 것은 기독인들의 선택이 아니라 의무이며 신앙의 가장 중요한 목적입니다. 자신의 나라와 의를 구하려는 세상에서 오직 하나님의 나라와 의를 구하는 교회와 기독인들이 올바르게 세워질 때 이 땅에 하나님의 나라가 속히 임할 것입니다.

🍵 깊은 묵상

1. 오직 의인은 믿음으로 말미암아 살리라고 성경은 말하고 있습니다. 믿음이 어떻게 우리를 의롭게 할까요?

2. 기독인들의 신앙이 가볍고 무게감이 없어서 세상 사람들의 비판 대상이 될 때가 많습니다. 무엇 때문일까요? 기독인들이 성경의 가르침대로 의를 추구하는 삶을 살기 위해 회복되어야 할 부분이 무엇입니까?

본문에서 언급한 의를 추구하는 기독인들의 특징 중에서 자신에게 부족한 항목을 선정해 우리가 속한 공동체에서 구체적으로 실천해 보시기 바랍니다.

1. 가정 :
2. 교회 :
3. 이웃 :

😊 정직한 기도

죄인이었던 우리를 십자가의 보혈로 의롭게 하심을 감사드립니다. 우리가 이 세상에서 먼저 하나님의 나라와 의를 구하는 삶을 살게 하소서.

🧘 미션 뱅크

인터넷 서명 운동 참여 및 공정한 리플 달기

칼을 쳐서 보습을 만들고 (평화)

■ 기윤실에서는 **평화**를 다음과 같이 정의합니다.

평화는 하나님의 공동체가 지향하고 있는 근본적인 비전이며 토대입니다. 샬롬의 공동체, 생명과 평화의 공동체는 하나님이 기뻐하시는 존재이유입니다. 평화는 나와 다른 타자들과의 소통이며 대화입니다. 하나님의 사람들은 누구와도 대화를 나눌 수 있으며, 하나님의 사랑과 정의를 소통하고 공유합니다.

> 좋은 소식을 전하며 평화를 공포하며 복된 좋은 소식을 가져오며 구원을 공포하며 시온을 향하여 이르기를 네 하나님이 통치하신다 하는 자의 산을 넘는 발이 어찌 그리 아름다운가 (사 52:7)
> 지극히 높은 곳에서는 하나님께 영광이요 땅에서는 하나님이 기뻐하신 사람들 중에 평화로다 하니라 (눅 2:14)

평화 1 하나님의 평화

지극히 높은 곳에서는 하나님께 영광이요 땅에서는 하나님이 기뻐하신 사람들 중에 평화로다 하니라 (눅 2:14)

📖 오늘의 말씀

1 그러므로 우리가 믿음으로 의롭다 하심을 받았으니 우리 주 예수 그리스도로 말미암아 하나님과 화평을 누리자 2 또한 그로 말미암아 우리가 믿음으로 서 있는 이 은혜에 들어감을 얻었으며 하나님의 영광을 바라고 즐거워하느니라 (롬 5:1-2)

📝 말씀 나누기

"노벨의 평화와 예수님의 평화"

매년 10월 초가 되면 노르웨이에 있는 노벨재단은 인류의 평화와 발전에 기여한 사람을 선정해 노벨평화상을 수여하고 있습니다. 그런데 노벨평화상을 수상한 사람들의 면면을 보면 그들이 받은 상의 이름과 달리 그들의 삶은 결코 평화롭지 않은 삶이었다는 것을 알게 됩니다. 김대중 대통령을 포함해, 넬슨 만델라, 아웅산 수지, 달라이 라마 등 역대 노벨평화상을 수여한 사람들의 대부분은 가장 평화롭지 못한 곳에서 온갖 모진 고난을 받은 사람들이었습니다.

이것은 우리가 꿈꾸는 진정한 평화가 어떻게 가능한지를 역으로 설명해 주고 있습니다. 평화는 불법과 억압의 현장에서 누군가가 자기희생을 통해 정의를 추구할 때 실현됩니다. 하나님이 인간을 창조하였을 때 하나님과 인간, 인간과 인간, 인간과 세계에는 진정한 평화가 공존하고 있었습니다. 그러나 인간이 하나님 앞에서 범죄함으로 하나님과 인간, 인간과 인간, 그리고 인간과 세계의 평화는 무너지고 말았습니다. 하나님과 인간의 단절이 인간으로 하여금 세상의 모든 것으로부터 소외되는 존재로 만들고 말았습니다. 이 관계를 다시 회복하기 위해서는 노벨상을 받은 사람들의 희생처럼 누군가의 희생이 필요했습니다. 하나님께서는 스스로 자신의 피조물인 인간을 위해서 희생하기로 결심하셨습니다. 자신의 독생자 아들을 이 땅에 보내어 하나님과 인간의 관계를 회복하고, 인간으로 하여금 하나님과 평화를 누릴 수 있게 하신 것입니다.

이렇듯 하나님과의 참된 평화는 예수 그리스도로 말미암아 주어집니다(롬 5:1). 예수 그리스도를 믿는 믿음이 우리로 하여금 하나님과 평화를 누리게 합니다. 그러므로 누구든지 그리스도안에 있어야 합니다. 그렇지 않다면 하나님과의 평화는 기대할 수 없고, 하나님의 영광을 바라 볼 수도 없습니다(롬 5:2).

성경은 하나님과 인간 사이에 화해와 회복이 없이는 인간과 인간, 인간과 세계 사이에 평화가 있을 수 없다고 말하고 있습니다. 많은 휴머니스트들은 이 땅에 평화를 이루기 위해 수많은 분쟁지역과 폭력의 현장에서 그리고 억압과 차별의 현장에서 싸우고 있습니다. 이들의 싸움이 무의미한 것은 아닙니다. 하지만 보다 본질적으로 하나님과 인간 사이에 온전한 회복이 이루어지지 못한다면 인간의 어떤 노력에도 불구하고 인간 세계에서 온전한 회복과 평화는 이루어지기 어렵습니다. 이 세상에 존재하는 많은 불행의 원인을 보면 하나님 앞에서 범죄한 인간의 모습이 자리 잡고 있기 때문입니다.

이스라엘의 역사를 보면 하나님을 떠나 이스라엘이 범죄할 때 하나님께서는 이방 민족들을 이스라엘을 심판하는 도구로 사용하신 것을 볼 수 있습니다. 하나님을 떠나거나 하나님을 대적할 때 평화는 깨어지고 이스라엘은 수난을 겪게 됩니다. 그러나 그들이 회개하고 다시 하나님께 돌아오면 하나님께서는 그들의 죄를 용서하시고 그들을 다시 회복시켜 주십니다. 70년 바벨론 포로기를 마치고 예루살렘으로 돌아와 성전을 재건하고 하나님의 말씀으로 강력한 부흥을 경험했던 모습에서 우리는 진정한 회복과 평화를 깨닫게 됩니다.

● ● ● 1914년 12월 24일. 독일 서부전선 플뢰르베(Fleurbaix) 벌판. 영국군과 독일군은 1차 세계대전 중 아주 가까운 거리에 서로 참호를 파고 교전을 하고 있었다. 크리스마스 이브에 영국군 병사들에게 상상치 못한 노래 가락이 들려왔다. 서부전선의 한 독일군 참호에서 '고요한 밤, 거룩한 밤'이 들려온 것이다. 100m쯤 떨어져 있던 영국군 참호에서는 "잘했다", "앙코르" 등의 소리를 질렀다.

갈채를 받은 독일군 병사들은 답했다. "Merry Christmas, Englishmen!"

(메리 크리스마스, 영국인들), 'We not shoot, you not shoot'(우리는 쏘지 않겠다. 너희들도 쏘지 말라). 그동안 서로에게 총부리를 겨눴던 영국군과 독일군 말단 병사들은 다음날인 크리스마스에 총을 내려놓고 휴전을 결정했다. 크리스마스에 시작된 이 플뢰르베 벌판의 휴전은 서부전선 곳곳으로 퍼졌다.

예수님은 이 땅에 평강의 왕으로 오셨습니다. 예수 그리스도를 따르는 개인과 가족과 사회와 국가는 반드시 평화를 누리게 되며, 하나님이 허락하시는 축복을 맛보게 됩니다. 그리고 이 땅에 진정한 평화를 실현하기 위해 오신 예수님은 또 다시 우리를 평화의 사자로 부르셨습니다. 화평케 하는 자는 복이 있나니 천국이 저희 것임이라고 말씀하고 있습니다. 예수 그리스도를 통해 하나님과 더불어 진정한 평화를 누리는 사람들이 이 땅에서 진정한 평화를 실현하고 누릴 수 있습니다.

우리가 살아가는 상황을 보면 여전히 엄청난 파괴적인 힘들이 작동하고 있습니다. 그 속에서 세상은 평화를 갈망하고 있습니다. 교회와 그리스도인들은 세상과 하나님의 화목자가 되어 세상과 하나님의 막힌 담을 허물고 이 땅에 주님의 평화를 이루어야 하는 사명을 가지고 있습니다. 우리 그리스도인들이 서 있는 모든 곳에는 세상이 줄 수 없는 하나님의 평화가 임하도록 해야 합니다.

깊은 묵상

1. 인간의 죄악으로 하나님과의 관계가 파괴되었습니다. 이로 인하여 나타 나는 우리 시대의 문제들은 어떤 것들이 있습니까? 이러한 문제들을 해결하기 위해 우리는 어떤 방법을 취할 수 있을까요?

2. 교회는 오늘날 세상 속에서 왜 진정한 평화를 이루지 못하고 있을까 요? 당신은 삶의 현장에서 평화를 실현하기 위해 얼마나 많은 희생을 치루고 있습니까?

예수님은 평강의 왕이 되십니다. 예수님께서 이 땅에 오심으로 곳곳에
서 일어났던 일들을 생각하며 우리가 그분의 뜻대로 사는 삶이 무엇인지
생각해 봅시다.

1. 가정 :
2. 교회 :
3. 이웃 :

☺ 정직한 기도

평화의 왕으로 이 땅에 오신 예수님을 찬양합니다. 분쟁과 대립과 갈등
과 차별이 있는 모든 곳에 예수님의 참 평화가 임하게 하소서.

🧎 미션 뱅크

화를 내기 전에 그 사람 입장에서 생각해 보기

평화 2 세상과 구별된 교회

그리스도의 평강이 너희 마음을 주장하게 하라 너희는 평강을 위하여 한
몸으로 부르심을 받았나니 (골 3:15)

🖼 오늘의 말씀

12 그러므로 너희는 하나님이 택하사 거룩하고 사랑 받는 자처럼 긍휼과
자비와 겸손과 온유와 오래 참음을 옷 입고 13 누가 누구에게 불만이 있
거든 서로 용납하여 피차 용서하되 주께서 너희를 용서하신 것 같이 너
희도 그리하고 14 이 모든 것 위에 사랑을 더하라 이는 온전하게 매는 띠
니라 15 그리스도의 평강이 너희 마음을 주장하게 하라 너희는 평강을
위하여 한 몸으로 부르심을 받았나니 너희는 또한 감사하는 자가 되라
16 그리스도의 말씀이 너희 속에 풍성히 거하여 모든 지혜로 피차 가르
치며 권면하고 시와 찬송과 신령한 노래를 부르며 감사하는 마음으로 하
나님을 찬양하고 17 또 무엇을 하든지 말에나 일에나 다 주 예수의 이름
으로 하고 그를 힘입어 하나님 아버지께 감사하라 (골 3:12-17)

📜 말씀 나누기

"모든 교회는 불완전하다?"

어느 날 한 청년이 찰스 스펄전을 찾아왔습니다. 그 청년은 참석하는

교회마다 분쟁과 갈등을 겪는 것을 보면서 교회에 환멸을 느끼고 있었습니다. 고민하던 그 청년은 당시 유명한 설교가였던 스펄전을 찾아와 가장 완벽한 교회를 소개해 달라고 부탁을 했습니다. 그 부탁을 받은 스펄전은 그 청년을 향해 이렇게 대답했다고 합니다. "자네야말로 그런 교회를 찾게 되면 나에게 연락해 주게. 나부터 그 교회로 옮기고 싶네."

많은 기독인들이 교회다운 교회를 경험하고 싶어 하지만 지상의 교회들은 그들을 만족시키지 못하고 있습니다. 우리는 세상에 완전한 교회는 없으며 지상의 교회들은 모두 불완전하다는 것을 인정해야 합니다. 그러나 하나님께서는 이 땅의 불완전한 교회들을 사용하셔서 하나님의 역사를 감당하게 하셨습니다. 불완전한 교회들을 통해서 땅끝까지 복음이 전파되게 하셨고, 상한 영혼들을 치유하셨고, 세상을 변화시키셨습니다. 그렇다면 이런 불완전한 교회가 어떻게 이런 역할을 감당할 수 있었을까요? 그리고 어떤 교회들은 왜 이런 역할을 감당하고 있지 못하는 것일까요?

교회가 성령충만할 때 그 교회는 불완전한 모습을 극복할 수 있습니다. 모든 공동체는 인간의 죄성으로 부패하고 타락하기 쉽습니다. 그래서 언제나 성령의 통제를 받아야 합니다. 교회의 역사적 부흥도 인간의 힘이 아닌 오직 성령의 주권적 사역을 통해서 이루어졌습니다. 교회 내에 존재하던 온갖 죄악들이 성령의 임재를 통해서 눈이 세상을 덮는 것처럼 사라지게 했습니다. 성령님은 교회 가운데 평강을 주십니다.

1907년 1월 주일 저녁, 약 1,500명의 사람들이 평양 장대현교회에 모였습니다. 이날 모든 사람들은 교회를 이끄는 길선주 장로가 서서 다음과 같이 자신의 죄를 고백하자 깜짝 놀랐습니다.

"나는 아간과 같은 자입니다. 나 때문에 하나님이 축복하실 수 없었습니다. 약 1년 전 임종을 앞둔 한 나의 친구가 나를 자신의 집에 불러 부탁했습니다. '길 장로, 나는 곧 세상을 떠날 것 같소. 내 아내는 그만한 능력이 없으니 자네가 내 재산을 정리해 주면 좋겠소.' 나는 '걱정마오. 내 그렇게 해 주리라' 고 말했습니다. 내가 그 미망인의 재산을 관리하던 중 나는 미망인의 돈 100달러를 사취했습니다. 나는 하나님을 방해했으며, 100달러를 내일 아침 미망인에게 돌려드리겠습니다."

즉시 벽이 무너져 내렸고 그 거룩한 자, 하나님이 임하셨음이 느껴졌습니다. 죄에 대한 통회가 청중을 휩쓸었고, 날마다 사람들이 모여들어 정결케 하시는 하나님이 그의 성전에 계심을 경험했습니다. 사람들은 자신이 원하는 바를 말하지만, 이들 고백들은 인간의 힘에 의해 통제되고 있지 않았습니다.

교회가 온전한 모습으로 서기 위해서는 늘 하나님의 말씀 위에 서야 합니다. 우리는 각기 소견에 옳은 대로 행하기 쉬운 존재입니다. 그러나 우리 각자가 하나님의 말씀에 복종함으로 우리는 교회 안에서 하나가 될 수 있습니다. 교회가 말씀 중심의 공동체로 서게 될 때 주님의 평강을 누릴 수 있습니다. 성령의 하나 되게 하신 것을 힘써 지키는 삶이 바로 성도의 삶입니다.

바울은 골로새 교회를 향하여 하나님의 거룩하고 사랑받는 존재로 택하심을 받았음을 강조합니다. 이것이 우리의 신분이라면 우리는 사랑 받은 자답게 살아야 합니다. 긍휼과 겸손과 온유와 오래 참음과 용납함과 용서

함이 있어야 합니다. 그리고 그리스도의 평강이 우리를 주장할 수 있게 하여야 합니다. 이것이 교회를 건강하게 만드는 것이며 감사가 넘치는 삶을 살게 합니다. 우리는 이 사명을 위하여 보냄을 받은 존재입니다.

몸은 하나이지만 여러 지체를 가졌고, 몸의 많은 지체가 한 몸을 이루는 것처럼 교회 공동체는 유기체적인 공동체입니다. 그래서 모두 머리가 되려고 하고, 모두 손이 되려고 하면 교회는 분쟁을 겪게 됩니다. 몸을 구성하는 어떤 지체도 덜 중요하거나 더 중요한 것이 없습니다. 오히려 약한 지체가 더 요긴한 경우가 많습니다. 각 지체가 서로를 존중히 여기며 섬길 때 교회는 주님의 평안을 경험하게 됩니다(고전 12:12-26).

더 나아가 기독인들은 교회가 거룩하고 순전한 하나님의 공동체가 되도록 늘 깨어서 기도해야 합니다. 악한 세력은 끊임없이 교회를 대적하며 교회를 무너뜨리려고 합니다. 교회 공동체의 구성원들이 파수꾼처럼 깨어서 기도하지 않으면 교회는 새로운 도전을 이겨낼 수 없습니다. 그래서 사도 바울은 에베소 교회를 향하여 기도할 때마다 그들을 위해 기도한다고 고백하고 있습니다(엡 1:16). 우리는 교회가 세상과 구별된 온전한 공동체가 될 수 있도록 늘 깨어서 기도해야 합니다.

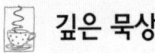 **깊은 묵상**

1. 많은 사람들이 교회와 기독인들을 비판하고 있습니다. 그 원인은 무엇
   이고, 우리는 거기에 어떻게 대처해야 할까요?

2. 교회와 세상과 구별되어 거룩하고 순전한 공동체로 세워졌던 역사적
   부흥들을 되새기면서 오늘날 교회가 다시 초대교회와 같은 모습으로
   서기 위해서 어떤 노력을 해야 할까요?

🖐 삶에 적용

우리가 속한 교회나 한국교회 전체가 겪는 아픔을 생각하면서 우리가 속한 공동체에서 그 문제들을 해결하기 위해 기도제목을 나누고 지속적으로 기도하면서 하나님의 역사를 기대해 봅시다.

1. 가정 :
2. 직장 :
3. 이웃 :

☺ 정직한 기도

교회의 머리되신 예수님, 이 땅의 교회에 성령을 부어 주시고 말씀으로 임하셔서 이 땅의 교회가 날마다 하나님의 임재를 경험하며 세상과 구별된 거룩한 공동체로 서게 하소서.

🛐 미션 뱅크

다른 사람의 감정을 상하게 하는 말 하지 않기

평화 3 칼을 쳐서 보습을 만들고

그 정사와 평강의 더함이 무궁하며 또 다윗의 왕좌와 그의 나라에 군림하여 그 나라를 굳게 세우고 지금 이후로 영원히 정의와 공의로 그것을 보존하실 것이라 (사 9:7)

🖼️ 오늘의 말씀

5 어지러이 싸우는 군인들의 신과 피 묻은 겉옷이 불에 섶 같이 살라지리니 6 이는 한 아기가 우리에게 났고 한 아들을 우리에게 주신 바 되었는데 그의 어깨에는 정사를 메었고 그의 이름은 기묘자라, 모사라, 전능하신 하나님이라, 영존하시는 아버지라, 평강의 왕이라 할 것임이라 7 그 정사와 평강의 더함이 무궁하며 또 다윗의 왕좌와 그의 나라에 군림하여 그 나라를 굳게 세우고 지금 이후로 영원히 정의와 공의로 그것을 보존하실 것이라 만군의 여호와의 열심이 이를 이루시리라 (사 9:5-7)

✌️ 말씀나누기

"작은 전쟁이 큰 전쟁을 막는다!"

석유 유전에서 화재가 발생했을 경우의 진압방법은 발화하고 있는 유정 위에서 다이나마이트 같은 폭발물을 터뜨려 순간적으로 산소를 차단시키는 것입니다. 결국 작은 불이 큰 불을 끄는 위력을 발휘하는 것입니다.

한 국가가 평화를 누리거나 국가 간의 갈등에서 전쟁에 빠져들지 않기 위해서는 기독인들이 그 안에서 작은 전쟁을 치러야 합니다. 하나님의 공의로운 통치를 실현하기 위한 기독인들의 작은 전쟁이 큰 전쟁을 막습니다.

로이드 존스는 하나님께서 전쟁을 허락하시는 실제적인 이유를 세 가지로 설명하고 있습니다. 첫째, 사람들의 죄를 징벌하기 위한 것입니다. 둘째, 전쟁을 통해서 죄의 본질을 깨닫게 하십니다. 셋째, 우리로 하여금 다시 하나님께 돌아오게 하려는 최종 목적을 위해서입니다. 결국 국가의 평화가 깨어지는 실제적인 이유는 인간의 죄악 때문이라는 것을 알 수 있습니다.

인간의 평화는 반드시 하나님의 정의가 전제되어야 합니다. 죄악으로 가득 찬 세계에서 평화를 열망하는 것은 그 자체로 모순입니다. 그것은 인간의 탐욕과 타락을 계속 유지하기 위해 하나님을 이용하려는 잘못된 태도에서 기인합니다. 인간들이 꿈꾸는 진정한 평화는 근본적으로 하나님의 정의가 실현되는 상태입니다. 하나님의 정의가 실현되지 못한다면 인간의 평화도 존재할 수 없습니다. 성경은 이것을 의와 평화가 서로 입 맞춘다고 표현하고 있습니다(사 11:10).

기독인들은 국가의 평화를 유지하기 위해 끊임없이 하나님의 정의를 추구해야 합니다. 예레미야의 사역은 전쟁이라는 파국을 막고 이스라엘 전체를 구하기 위한 것이었습니다. 예레미야는 하나님의 정의를 추구하지 않는 이스라엘이 심판받을 것을 예언하면서 다시 하나님께 돌아갈 것을 강력히 요청했습니다. 그러나 이스라엘은 죄 가운데 있던 자신들의 상황을 보지 못한 채 하나님이 언제나 자신들의 편인 것으로 착각했습니다. 그러나 하나님은 죄와 동행하시는 분이 아니시기에 죄로 물든 이스라엘은 평화를 유지할 수 없었습니다.

하나님의 정의로운 통치를 선포하고 실현할 때 하나님께서 허락하시는 평화가 임하게 됩니다. 예수 그리스도가 평강의 왕이시기 때문입니다. 이 사야 선지자는 오실 메시야를 묘사하기를 기묘자, 모사라, 전능하신 하나님, 영존하시는 아버지, 평강의 왕이라고 하였습니다. 그리고 정의와 공의로 그의 나라를 보존하고 통치할 것이라 말씀합니다. 선지자는 이 일을 하나님께서 친히 이루실 것이라 말씀합니다. 하나님의 열심은 평화를 이룰 것입니다. 하나님의 통치가 이루어지는 나라들에서는 사람들이 더 큰 자유와 행복을 경험하고 있습니다. 하나님의 통치는 칼을 쳐서 보습을 만들고 창을 쳐서 낫을 만들어, 다시는 이 나라와 저 나라가 칼을 들고 서로 치지 아니하며 전쟁을 연습하지 않게 합니다(사 2:4). 궁극적으로 성경은 평화로운 세계를 지향하고 있습니다. 문제는 평화로운 체제를 유지하기 위해 국가 전체가 하나님의 뜻에 합당하게 행하고 있는가가 중요합니다.

늘 기도하는 미국의 링컨 대통령이 남북전쟁 때 초조해 하자, 그의 부관이 이렇게 물었다고 합니다. "하나님이 우리와 함께 계시는데 무엇을 걱정하십니까?" 이에 링컨이 대답하기를 "하나님은 늘 우리와 함께 하신다. 중요한 것은 우리가 하나님과 함께 하고 있는가 하는 것이다."라고 겸손히 말했다고 합니다.

기독인들은 국가의 평화를 위해 깨어서 기도해야 합니다. "그러므로 내가 첫째로 권하노니 모든 사람을 위하여 간구와 기도와 도고와 감사를 하되 임금들과 높은 지위에 있는 모든 사람을 위하여 하라 이는 우리가 모든 경건과 단정한 중에 고요하고 평안한 생활을 하려 함이니라"(딤전 2:1-2) 성경은 많은 사람들이 평화로운 삶을 살기 위해서 특히 국가의 지도자들을 위해서 기도하라고 말씀하고 있습니다. 권력의 중심에 있는 사람들이 올바른 판단을 내리지 못한다면 세상은 엄청난 불행을 겪게 됩니다. 그래서 우리는 평화를 위해서 기도하되 높은 사람들을 위해서 기도해야 합니다.

초대교회의 성도들처럼 기독인들이 성경 말씀대로 이 세상에서 살아간다면 기독인들은 때로 배척을 받거나 세상으로부터 핍박을 받게 될 것입니다. 그러나 기독인들의 이런 고난은 큰 불을 끄기 위해 작은 불을 켜는 일입니다. 이 세상의 평화는 그냥 얻어지는 것이 아니라 평강의 왕이신 하나님의 통치를 이 땅에서 실현할 때 이루어지는 것입니다. 하나님이 주시는 참 평화를 위해서 기도하는 기독인들은 오늘도 평화롭지 않은 삶을 살 수 있습니다. 그러나 기독인들의 기도가 그치는 순간 그 평화도 멈출 수 있다는 것을 기억해야 합니다.

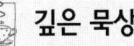 **깊은 묵상**

1. 평강의 왕으로 오신 예수님께서 헤롯의 칼로 위협받아야만 했던 이유
   는 무엇일까요? 이것이 우리 기독인들에게 어떤 교훈을 줍니까? 예수
   님께서 이 땅에 평화와 왕으로 오셨다는 것이 우리에게 주는 의미와 도
   전은 무엇입니까?

2. 전쟁 가운데 있는 국가들을 생각할 때 그 전쟁을 중단하기 위해서 어
   떤 노력이 필요할까요? 교회와 기독인들이 그런 노력을 기울이고 있습
   니까?

전쟁으로 고통 받는 나라들마다 하나님의 평화가 임하고, 그 나라의 지도자들이 올바른 통치를 감당할 수 있도록 매일 3분씩 기도합시다. 전쟁이 가져오는 비극과 그 고통을 극복하기 위한 방안에 대해 함께 나누어 봅시다.

1. 가정 :
2. 직장 :
3. 이웃 :

정직한 기도

평강의 왕으로 이 땅에 오신 예수님! 분쟁과 전쟁으로 고통 받는 나라들에서 전쟁을 멈추어 주시고, 진정한 하나님의 평화가 하늘로부터 임하게 하소서.

미션 뱅크

나와 의견이 다르더라도 예의를 갖춰 대화하기

평화 4 율법의 완성, 이웃 사랑

네 이웃을 네 자신과 같이 사랑하라 하신 그 말씀 가운데 다 들었느니라
(롬 13:9)

오늘의 말씀

> 8 피차 사랑의 빚 외에는 아무에게든지 아무 빚도 지지 말라 남을 사랑하는 자는 율법을 다 이루었느니라 9 간음하지 말라, 살인하지 말라, 도둑질하지 말라, 탐내지 말라 한 것과 그 외에 다른 계명이 있을지라도 네 이웃을 네 자신과 같이 사랑하라 하신 그 말씀 가운데 다 들었느니라 10 사랑은 이웃에게 악을 행하지 아니하나니 그러므로 사랑은 율법의 완성이니라 (롬 13:8-10)

말씀 나누기

"가까운 이웃이 먼 친척보다 낫다"

예수님은 영생을 얻기 위해 무엇을 해야 하는지 묻는 한 율법사를 향해 하나님을 사랑하고 네 이웃을 네 몸과 같이 사랑하라는 구약의 말씀을 주십니다. 이에 그 율법사는 예수님께 이웃이 누군가를 묻습니다. 예수님은 강도 만난 사람을 도운 선한 사마리아인에 대한 이야기를 들려주면서 진정

한 이웃에 대한 깨우침을 주십니다.

'가까운 이웃이 먼 친척보다 낫다'는 속담처럼 성경은 늘 의로운 채 하면서도 실제로는 고난 가운데 있는 사람들을 외면하는 제사장이나 레위인보다는 어려운 이웃을 돕는 사마리아인이 진정한 이웃임을 가르쳐 줍니다. 진정한 이웃은 누군가 어려움을 당하면 힘껏 도와주고, 누군가 기쁜 일이 있을 때는 함께 기뻐해 주는 사람입니다. 이것이 바로 네 이웃을 내 몸과 같이 사랑하라는 성경의 가르침을 실천하는 삶입니다.

성경은 인간관계에서 지켜져야 할 모든 율법이 네 이웃을 네 몸처럼 사랑하라는 그 말씀 안에 전부 포함된다고 말합니다. 간음하지 말라고 말할 필요가 없습니다. 도둑질하지 말라고 말할 필요가 없습니다. 탐내지 말라고 할 필요가 없습니다. 우리의 이웃을 우리 자신처럼 사랑한다면 이 모든 율법은 더 이상 외칠 필요가 없어지기 때문입니다. 그런 점에서 이웃을 사랑하며 이웃과 평화로운 삶을 추구하는 것은 성경이 우리에게 주신 가장 위대한 명령입니다.

● ● ● 일본의 가장 위대한 신앙인으로 존경을 받는 가가와 도요히코의 유명한 이야기가 있습니다. 그는 당시 빈민 사역을 하였는데, 빈민들이 가장 고통스러워하는 것은 변비였습니다. 항문에 변이 차돌처럼 굳어 있어서 나오지를 않습니다. 그러면 장갑을 끼고 손으로 후벼 냅니다. 가가와 도요히코 목사가 그 빈민들의 항문을 손가락으로 후벼 주었지만 되지를 않았습니다. 그래서 거지처럼 더러운 빈민의 항문에 자신의 입을 가져다 대고, 차돌같이 굳어 있는 변을 침으로

녹여서 빨아냈습니다. 그 자신이 그의 스승 나가노 목사를 통해 하나님의 사랑을 가장 뜨겁게 경험했기에 가능한 일이었습니다.

이웃사랑은 조금만 깊이 따져보면 하나님 사랑과 불가분의 관계에 있다는 것을 알게 됩니다. 성경은 하나님을 사랑한다고 말하면서 그 형제를 미워하면 이는 거짓말 하는 자라고 말합니다. 또한 하나님을 본 사람이 없으되 만일 우리가 서로 사랑하면 하나님의 사랑이 우리 안에서 온전히 이룬다고 말합니다. 이것을 통해 우리는 이웃사랑이 결국 하나님 사랑이라는 것을 깨닫게 됩니다. 이웃을 사랑한다고 하면서 하나님을 사랑하지 않는 사람이 없고, 이웃을 미워하면서 하나님을 사랑하는 사람도 없습니다.

그러나 이웃사랑은 무조건적이고 맹신적인 것이 되어서는 안 됩니다. 성경은 우리에게 이웃과 더불어 진리를 말하며 진실하고 화평한 재판을 베풀며 서로 해하기를 도모하지 말라고 말합니다(슥 8:16-17). 진리를 말하지 않고 거짓을 추구하면 진정한 평화를 누릴 수 없게 됩니다. 진정한 사랑 외에 다른 것을 가지고 이웃과 평화를 도모하려 하면 반드시 문제가 생깁니다.

현대인들이 어려움을 겪는 가장 큰 원인이 어디에 있습니까? 진정한 사랑보다는 돈과 물질에 의한 관계를 추구하다가 서로에게 상처를 주고받습니다. 주님의 사랑 외에 다른 것으로 인간관계를 풀어가려고 하면 반드시 평화는 깨어지게 됩니다. 그래서 성경은 피차 사랑의 빚 외에는 아무 빚도 지지 말라고 말씀하고 있습니다. 바울은 로마 교회에 보내는 이 서신에서 사랑의 빛 외에는 어떠한 빚도 지지 말자고 하는(롬 12:3) 것은 사랑은 해도 해도 다함이 없는 것임을 강조하는 것입니다. 그리스도인의 삶의 중심은 언제나 사랑으로 차 있어야 합니다. 그리고 늘 주님의 마음으로 충만하게 사랑하지 못한 것에 대한 빚을 가지고 있어야 합니다. 이만하면 되었다는 것이 아닙니다. 주님 오시는 그 날까지 우리의 사랑은 변함이 없어야 합니다.

우리는 할 수 있는 한 모든 사람과 더불어 화평함과 거룩함을 좇아야 합니다. 이것이 없이는 아무도 주를 볼 수 없기 때문입니다(히 12:14). 이웃과 더불어 화평한 삶을 살아가는 것이 곧 하나님과 평화를 누리는 삶이기 때문입니다.

더 나아가 기독인들은 화평케 하는 삶을 살아야 합니다. 예수님께서는 죄로 나누어진 하나님과 우리의 관계를 회복하기 위해 화평케 하시는 분으로 이 땅에 오셨습니다(엡 2:14). 예수 그리스도의 십자가를 통해 주님과 평화를 누리게 된 우리는 세상 속에서 화평케 하는 자의 의무를 다해야 합니다. 우리가 살아가는 현장에서 예수님처럼 우리 자신의 희생을 통해서 분쟁을 없애고, 갈등을 해소하며, 사람들이 평화를 누리도록 하는 것이 기독인들의 의무입니다. 화평케 하는 자들은 화평을 심어 의의 열매를 거두게 됩니다(약 3:18).

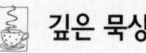 **깊은 묵상**

1. 한국교회가 하나님을 사랑한다고 하면서 이웃을 제대로 사랑하고 섬기지 못하는 이유는 무엇입니까? 당신은 이웃들과 더불어 화평한 삶을 살고 있습니까?

2. 화평케 하는 자(피스메이커)가 갖추어야 할 덕목은 무엇입니까? 당신은 피스메이커의 덕목을 갖추고 있습니까?

삶에 적용

　지금 우리가 살아가는 지역과 공동체에 있는 이웃들에 대해 생각해 봅시다. 그들과 사랑과 평안을 나누고 있습니까? 그렇지 못하다면 그 원인을 분석해 보고 평화를 회복하기 위한 방안에 대해 나누어 봅시다.

　1. 가정 :
　2. 직장 :
　3. 이웃 :

정직한 기도

　주여, 우리를 갈등과 분열이 있는 곳에 평화의 도구로 사용하여 주시고, 고난 받는 사람들의 진정한 이웃이 되어 그들을 우리 자신처럼 사랑하게 하소서.

미션 뱅크

　나 혼자 단독으로 결정하기보다 주위 동료와 협의하여 결정하기

행복한 가정의 비결

너를 낳은 아비에게 청종하고 네 늙은 어미를 경히 여기지 말지니라
(잠 23:22)

📖 오늘의 말씀

22 너를 낳은 아비에게 청종하고 네 늙은 어미를 경히 여기지 말지니라 23 진리를 사되 팔지는 말며 지혜와 훈계와 명철도 그리 할지니라 24 의인의 아비는 크게 즐거울 것이요 지혜로운 자식을 낳은 자는 그로 말미암아 즐거울 것이니라 25 네 부모를 즐겁게 하며 너를 낳은 어미를 기쁘게 하라 26 내 아들아 네 마음을 내게 주며 네 눈으로 내 길을 즐거워할지어다 (잠 23:22-26)

✍ 말씀 나누기

"현대판 고려장"

얼마 전 TV를 통해 자기 부모를 해외로 모시고 가 재산을 가로챈 뒤 부모를 버린 자식에 대한 내용이 방영되어 충격을 주었습니다. 그런데 방송은 그것이 일부분이지만 여전히 심심치 않게 일어나는 일임을 보여 주었습니다. 지금 우리는 곳곳에서 가정이 해체되는 가정의 위기 시대를 살아가

고 있습니다. 이미 이혼율은 30%에 이르고 있으며, 청소년의 가출 빈도 역시 해마다 증가하고 있습니다.

많은 사람들이 기독교가 가족 부양의 의무를 간과하거나 포기하는 것을 당연하게 여기는 것으로 오해하고 있습니다. 그러나 그것은 올바른 성경의 가르침이 아닙니다. 전적으로 하나님의 사역을 감당하기 위해서 그럴 수 있지만 그것은 일반적인 것이 아닙니다. 예수님 당시에도 12명의 제자들에게만 특별히 그것을 요구했다는 점에서 이런 방식이 일반적이지 않다는 것을 알 수 있습니다.

오히려 성경은 친족과 가족에 대한 부양을 의무적으로 요구하고 있습니다. 심지어 친족이나 가족을 돌보지 않는 자는 신앙이 없는 자며, 그들은 불신자보다 더 악한 자라고 이야기하고 있습니다(딤전 5:8). 예수님도 십자가에서 돌아가실 때 어머니 마리아를 요셉에게 맡기셨습니다. 십계명에서도 인간을 향한 첫 번째가 부모를 공경하라는 것입니다. 하나님의 나라와 의를 구하는 것과 가족을 섬기고 돌보는 것은 대립적인 것이 아닙니다.

잠언 기자는 부모의 말씀을 청종하고 존귀하게 여겨야 함을 강조합니다(잠 23:22). 이것은 가정의 질서를 순종할 것을 말씀하십니다. 하나님은 무질서적으로 가정을 허락하지 않았습니다. 자녀는 부모를 순종하고 부모는 자녀를 사랑해야 합니다. 그러면 모두가 즐거움을 누릴 수 있습니다. 그러나 이 질서가 무너지면 가정은 기쁨과 행복의 장소가 아니라 분열과 분쟁의 장소가 됩니다.

그러므로 가족이 해체되고 무너지는 시대에 작은 천국인 가정을 견고히 하는 것은 대단히 중요한 일입니다. 성경은 가정의 평화가 일방적인 관계를 통해서 이루어지는 것으로 보지 않습니다. 자녀가 부모에게 순종하지만 부모는 자녀를 노엽게 해서는 안 됩니다(엡 6:4). 또한 부모가 가지고 있는 가치관이 아니라 하나님의 말씀으로 자녀들을 가르치며 양육하라고 명하고 있습니다. 가정의 평화는 개인의 신앙과 삶을 건강하게 만듭니다. 그래서 늘 서로가 돌아보아 사랑과 선행을 격려해야 합니다.

가정의 시작인 결혼은 하나님이 허락하신 축복입니다. 많은 사람들이 준비된 결혼을 하지 못해서 가정이 깨지는 아픔을 경험하고 있습니다. 가정이 깨어지는 순간 아이들 역시 피해자가 됩니다. 최근에 증가하는 청소년들의 가출 빈도의 증가도 이와 무관하지 않습니다. 최근에는 결혼 자체에 대한 권위가 무너지면서 쉽게 만나서 쉽게 헤어지는 왜곡된 성문화가 지배하고 있습니다. 얼마 전 한 기독단체에서 진행하는 결혼예비학교에 대한 통계자료는 준비된 결혼이 얼마나 중요한지를 새삼 느끼게 합니다.

● ● ● 결혼예비교육은 한국에선 아직 낯설지만, 미국과 독일 등에선 이미 고교과정에서부터 시작하고 있다. 4월부터 5주간 진행된 이 수업에서는 투명한 가정 경제 문제, 생활습관과 자녀계획, 또 하나의 가족—원가족 문제, 대화법과 갈등 해결법, 건강과 성생활 등 결혼생활에 필요한 지혜들을 배우게 된다.

그렇다면 결혼예비교육과 같이 결혼의 현실에 대한 '공부'를 한 후 결혼한 커플들은 정말 더 잘 살아가고 있을까? 프로그램은 이를 알아보기 위해 2000년부터 2006년까지 결혼한 결혼예비학교 수료자 979쌍을 추적해 그들의 이혼율과 대한민국 전체의 이혼율 통계를 비교 · 분석했다. 그 결과 결혼에 대해 미리 공부를 해둔 부부는 그렇지 않은 부부보다 7배나 이혼을 적게 하는 것으로 나타났다."

가족은 교회 공동체처럼 유기체적으로 한 몸을 이루고 있습니다. 매년 가족 사명서를 통해서 각자의 역할을 점검하면서 대화와 나눔의 시간을 갖는 것이 필요합니다. 무엇보다 가정의 주인이 하나님임을 인정하고 성령의 인도하심을 구해야 합니다. 자녀들에게 신앙을 유산으로 물려줄 필요가 있습니다. 하나님을 사랑하고 계명을 지키는 자에게는 천대까지 은혜를 베풀겠다고 말씀하셨습니다(출 20:6). 하나님을 섬기는 것이 가정이 하나님의 축복을 경험하는 최선의 길입니다.

그러나 예수님은 가족을 섬기는 일과 예수님을 따르는 일이 충돌한다면 과감히 가족을 포기하고 주님을 따를 수 있어야 한다고 말씀하십니다(막 10:29). 이것은 인간적인 관점에서는 가족이 소중하지만 그것도 예수님을 따르고 섬기는 일보다 우선이 될 수 없다는 것을 의미합니다. 그래서 육적인 관계를 넘어서 우리가 예수 그리스도를 믿음으로 하나님의 자녀가 되었음을 의미하며 이것은 육적 가족보다 영적 아비를 따르는 일이 더 우선 되어야 함을 가르쳐 줍니다. 그래서 예수님은 아버지의 뜻대로 행하는 그 사람이 곧 형제요 모친이라고 말씀하셨습니다(막 3:35). 그러나 하나님을 따르기 위해서 가족을 포기하는 사람들이 핍박을 받지만 궁극적으로 그들은 영생을 얻게 되면 금세에도 또 다른 하나님의 축복을 경험하게 될 것을 성경은 가르쳐 주고 있습니다(막 10:29).

1. 우리 시대에 가정이 해체되는 주요한 원인들은 무엇입니까? 교회 안에서 이런 사람들을 위한 대안이 마련되어 있습니까?

2. 하나님의 일을 한다고 하면서 가족 부양을 외면하는 것이 왜 성경적으로 올바르지 못합니까? 당신과 당신의 가족은 가정의 주인이 하나님이심을 인정하며 섬기고 있습니까?

삶에 적용

가족 사명서를 작성해서 각자가 가정에서 섬겨야 할 역할들을 점검해 보고, 가정의 평화가 우리가 속한 공동체에 어떤 영향을 줄 수 있는지 생각해 봅시다.

1. 가정 :
2. 직장 :
3. 이웃 :

정직한 기도

가정의 주인이 되시는 하나님, 무너지는 가정들 가운데 하나님의 은혜를 베풀어 주시고, 이 땅의 가정들이 하나님의 작은 천국으로 세움 받게 하소서.

미션 뱅크

하루에 한 사람 이상 칭찬하고 축복하기

평화 6 마음은 생명의 근원

모든 지킬 만한 것 중에 더욱 네 마음을 지키라 생명의 근원이 이에서 남이
니라 (잠 4:23)

오늘의 말씀

20 내 아들아 내 말에 주의하며 내가 말하는 것에 네 귀를 기울이
라 21 그것을 네 눈에서 떠나게 하지 말며 네 마음 속에 지키라
22 그것은 얻는 자에게 생명이 되며 그의 온 육체의 건강이 됨이
니라 23 모든 지킬 만한 것 중에 더욱 네 마음을 지키라 생명의
근원이 이에서 남이니라 (잠 4:20-23)

말씀 나누기

"사람을 미치게 하는 사회"

현대 사회는 사람들을 더 불안하게 하며 정신을 심각하게 훼손하는 사
회적 병폐들을 안고 있습니다. 최근의 통계자료를 보면 10대 청소년의 경
우 정신질환이 3년 동안 42.7% 증가한 것으로 나타났습니다. 입시경쟁 속
에서 경험하는 소외감이 청소년들을 더 깊은 절망으로 몰아가고 있는 것입
니다. 그러나 이런 현상은 비단 청소년들만의 문제는 아닙니다. 무한경쟁

속에서 차츰 설자리를 잃어가는 직장인들에게도 초조와 불안 증세는 차츰 더 가중되고 있습니다.

현대인들은 오늘 무엇인가 준비하지 않으면 안 될 것 같은 강박증에 시달리고 있습니다. 그러나 이것은 내일 일을 위하여 염려하지 말라는 예수님의 가르침과 정면으로 충돌합니다. 많은 기독인들이 자기 자신과 평화를 누리지 못하고 있습니다. 오늘날 사람들의 평화를 깨는 요인은 외부에 있는 것이 아니라 인간 내부에 있습니다. 그래서 성경은 모든 지킬 만한 것 중에 더욱 네 마음을 지키라고 말합니다(잠 4:23). 마음은 생명의 근원입니다. 이것은 어떠한 마음을 가졌느냐가 그의 삶을 지배한다는 것을 의미합니다. 그러므로 마음에서 하나님과의 평화를 누리지 못하는 자는 삶의 현장에서 참된 평화를 누릴 수 없습니다.

현대인들이 불안한 삶을 사는 것은 그들이 하나님의 음성보다는 세상의 목소리에 귀를 기울이기 때문입니다. 세상은 불안한 미래를 보여 주며 사람들에게서 마음의 평화를 뺏어가고 있습니다. 그래서 현대인들에게는 참 평안이 없습니다. 우리는 세상의 이야기보다는 하나님의 음성에 귀를 기울일 때 우리 내면을 파괴하는 불안감을 이겨낼 수 있습니다. 하나님을 의지함으로 공중의 나는 새보다 들의 백합화보다 더 우리를 아끼고 사랑하시는 하나님의 사랑을 기대하게 됩니다.

우리가 예수 그리스도를 믿음으로 의롭게 된다는 것은 하나님과 더불어 화평을 누리는 것입니다(롬 5:1). 그래서 구원받은 사람은 하나님이 부어 주시는 평안을 날마다 경험하는 사람입니다. 또한 우리가 평화를 누리기 위해서는 성령충만해야 합니다. 화평은 성령의 열매입니다(갈 5:22). 우리 스스로 노력해서 얻어지는 것이 아니라 하나님께서 성령을 통해서 주시는 하나님의 선물입니다. 성령충만한 사람은 외부적인 충격에 의해서 쉽게 요동하거나 절망하지 않습니다. 그리스도의 평강이 그를 주관하기 때문입니다.

『천로역정』으로 유명한 존 번연은 길고 지루한 영적 고뇌의 시간을 보내면서 비로소 회심을 경험하게 됩니다. 그는 회심의 순간을 이렇게 고백합니다. "바로 그 한 날을 기억한다. 시골을 여행하면서 내 마음의 사악함과 불경죄를 생각하면서 내 안에 있는 하나님을 향한 증오의 마음을 생각하고 있던 중에, "그의 십자가의 피로 화평을 이루사"(골 1:20)라는 성경구절이 생각났다. 바로 그 구절로 인해서, 나는, 바로 그 날, 다시금 말하고 또 말하는데, 바로 그 날, 하나님과 내 영혼은 그 피로 친구가 되었던 것이다. 예, 하나님의 공의와 나의 죄된 영혼이 서로 이 피를 통해서 서로 부둥켜 않고 서로 입맞추는 것을 보았다. 이 날은 나에게 복된 날이었다. 그 날을 잊어버리지 않기를 소원한다."

성령이 부어 주시는 화평은 단순히 우리의 감정에만 영향을 끼치는 것이 아니라 우리의 이성에도 분명한 영향을 줍니다. 그래서 우리는 하늘로부터 임하는 지혜를 간구해야 합니다. 하늘로부터 임하는 지혜와 지식은 우리를 교만하게 하지 않으며 그 지혜는 우리 내면을 평강으로 인도합니다(약 3:17). 세상의 지식은 채우면 채울수록 더 큰 갈증만 느낄 뿐입니다. 어떤 현상을 제대로 이해하기도 힘들고, 해석하기도 힘듭니다. 그러나 우리 하나님은 혼돈의 하나님이 아니시고 화평의 하나님이시기에 하나님을 알아갈수록 우리는 세상에 대해서도 더 올바르게 이해하게 됩니다(고전 14:33).

끝없는 경쟁에 지친 현대인들은 하나님의 평안을 누리지 못한 채 늘 쫓기는 삶을 살아가고 있습니다. 그들의 파괴된 자아는 자신의 생명을 죽이고 있습니다. 육은 무익한 것이요 살리는 것은 영이라고 했습니다. 영이 살아야 육도 살 수 있습니다. 예수님은 영을 살리는 생명이 되십니다. 생명이신 예수님을 인격적으로 영접하지 못한 사람에게는 결코 자신과의 평화가 존재할 수 없습니다.

사도 바울의 꿈에 나타나서 우리를 도우라고 말했던 마케도니아인은 복잡한 현대 사회에서 신음하고 있는 우리 이웃들이며 우리 자신의 모습이기도 합니다. 우리는 예수 그리스도를 통해 진정한 평안을 경험하며 고통당하는 사람들을 향하여 그 평안을 나누어야 합니다. 예수님은 지금도 우리에게 평안을 주시는 분입니다. "평안을 너희에게 끼치노니 곧 나의 평안을 너희에게 주노라 내가 너희에게 주는 것은 세상이 주는 것과 같지 아니하니라 너희는 마음에 근심하지도 말고 두려워하지도 말라"(요 14:27)

깊은 묵상

1. 현대인들을 불안하게 만드는 요소에 대해 성별, 연령대별 그리고 직업에 따라 생각해 봅시다. 그리고 사람들은 어떻게 불안을 극복하고 있습니까?

2. 회심과 성령 충만함을 통해서 하나님이 부어 주시는 평화를 경험한 적이 있습니까? 경험의 순간을 기록해 보시기 바랍니다.

🖼️ 삶에 적용

우리가 속한 공동체에서 우리를 불안하게 만드는 요소가 무엇인지 적어보고, 그 문제들로부터 평안과 자유함을 경험하도록 하나님께 간구하는 기도를 드려봅시다.

1. 가정 :
2. 직장 :
3. 이웃 :

😊 정직한 기도

우리가 성령의 충만함을 입어 하나님이 부어 주시는 평화를 누리게 하시고, 우리 안에 있는 세상적인 염려와 걱정이 사라지게 하소서.

🖼️ 미션 뱅크

다툼이 있는 곳에서 중재자 역할 감당하기

작은 자 하나에게 (배려)

■ 기윤실에서는 **배려를** 다음과 같이 정의합니다.

배려는 다원화되고 복잡해진 현대 사회 속에서 하나님의 사람들에게 특별히 요구되는 핵심 가치입니다. 나와 다른 타인 및 이질성에 대해 포용하고 환대하며 보살피고 돌보는 삶을 통해 하나님의 사랑을 실천하는 것입니다. 배려는 타인의 아래로 기꺼이 내려가 타인을 떠받들어 섬기는 삶을 통해 타인이 스스로 자신의 삶을 주도할 수 있도록 격려하고 지지합니다.

하나님 아버지 앞에서 정결하고 더러움이 없는 경건은 곧 고아와 과부를 그 환난중에 돌보고 또 자기를 지켜 세속에 물들지 아니하는 그것이니라 (약 1:27)

배려 1 비방과 판단

형제들아 서로 비방하지 말라 형제를 비방하는 자나 형제를 판단하는 자는
곧 율법을 비방하고 율법을 판단하는 것이라 네가 만일 율법을 판단하면
율법의 준행자가 아니요 재판관이로다 (약 4:11)

오늘의 말씀

10 주 앞에서 낮추라 그리하면 주께서 너희를 높이시리라 11 형
제들아 서로 비방하지 말라 형제를 비방하는 자나 형제를 판단하
는 자는 곧 율법을 비방하고 율법을 판단하는 것이라 네가 만일
율법을 판단하면 율법의 준행자가 아니요 재판관이로다 12 입법
자와 재판관은 오직 한 분이시니 능히 구원하기도 하시며 멸하기
도 하시느니라 너는 누구이기에 이웃을 판단하느냐 (약 4:10-12)

말씀나누기

"사촌이 땅을 사면 배가 아프다."

아마 이 말이 실감나게 들리는 사람들도 있을 것입니다. 그러나 이 말
처럼 불행한 말도 없습니다. 사촌이 땅을 샀는데 왜 배가 아픕니까? 이것
은 사촌에 대한 사랑이 없고 시기와 질투가 가득 찼기 때문입니다. 사랑이
있고 깊은 배려가 있다면 결코 이러한 말은 입 밖으로 나오지 않을 것입니

다. 하지만 우리가 사는 현실은 이보다 더한 것을 종종 볼 수 있습니다. 유산 때문에 같은 가족끼리 싸우는 모습을 봅니다. 또한 직장의 현실은 어떠합니까? 죽이지 않으면 죽어야 하는 정글과 같은 삶 속에서 이웃이 잘되는 것을 배 아픈 일로 여기고 있지 않습니까?

그러나 그리스도인은 이러한 삶과는 분명하게 다른 삶을 살아야 합니다. 동일하게 산다면 그것은 그리스도인이라 차마 부를 수 없습니다. 그리스도인은 변화된 사람입니다. 정글과 같은 사회 속에서 태연하게 살 수 있는 것이 바로 그리스도인입니다. 그러므로 그리스도인에게 나타나는 모습이 있다면 사촌이 땅을 사면 기뻐하고 감사하는 것입니다. 이러한 마음이 바로 예수 그리스도의 마음입니다. 모든 것이 합력하여 선을 이루시기를 원하시는 하나님의 마음입니다.

야고보 선생은 그리스도인의 삶에 대하여 아주 의미 있는 말씀을 하셨습니다. "주 앞에서 낮추라 그리하면 주께서 너희를 높이시리라" (약 4:10)

그리스도인은 스스로 높아지려고 하지 말고 낮아지라는 것입니다. 그러면 주께서 높여 주신다는 것입니다. 이 말씀은 매우 의미심장합니다. 왜냐하면 사람이 스스로 높아지는 것은 얼마든지 가능할 수 있지만 언제든지 무너질 수 있습니다. 그러나 주께서 높이시면 내릴 자가 없음을 암시하고 있기 때문입니다.

이러한 하나님의 말씀을 기억한다면 피차에 서로 비방하는 일, 즉 인격적인 모욕으로 서로 헐뜯는 일을 하지 않을 것입니다. 비방함으로 자신은 높아질 수 있습니다. 권모와 술수로 빠르게 높은 자리에 오를 수 있습니다. 그러나 그 자리는 결코 하나님이 기뻐하시는 자리가 아닙니다. 하나님이 기뻐하시는 것은 형제를 모욕하거나 판단하는 자세가 아닙니다. 어떻게 해서든지 깎아 내리려는 것은 하나님의 속성과 함께 할 수 없습니다.

비방과 판단을 중단한다면 남는 것은 겸손한 자세로 서로를 존중하고 배려하고 사랑하는 것입니다. 성경은 이웃을 자신보다 높이 여기라고 말씀합니다. 이웃을 존중하고 배려할 때 이웃을 이해하고 섬길 수 있습니다. 작은 부분만이라도 상대방의 입장에서 바라보고 행동해 보시기 바랍니다. 그러면 비판하고 헐뜯는 일들이 사라질 것입니다. 미국 서부 개척시대에 있었던 일입니다.

● ● ● 서부에 황금이 많다고 사람들이 서부로 서부로 대 이동할 때였습니다. 기차로 30일에서 45일을 달려야 하는 긴 여행으로 사람들은 몹시 지치고 피곤해 있었습니다. 그러던 중 도중에서 한 젊은이가 어린 아기를 품에 안고 기차를 타는 것이었습니다. 그런데 아기는 기차에 오르자마자 빽빽 시끄럽게 울기 시작했습니다.
아무리 달래도 듣지 않았습니다. 잠자던 사람들이 깨어서는 짜증을 내고 투덜거리며 화를 내기도 했습니다. 그래도 아기는 울음을 그치질 않았습니다. 참다 못한 한 사람이 버럭 소리를 질렀습니다.

"여보시오! 아기를 엄마가 데리고 다녀야지, 왜 남자가 안고와 이 야단이오?" 그러자 아이를 안고 있던 젊은이가 말했습니다. "죄송합니다. 아기 때문에 피곤하신 여러분들이 쉬지 못하게 되어 정말 죄송합니다. 실은 제 아내가 어제 죽어서, 오늘 고향으로 장사 지내러 가는 길입니다. 화물칸에 제 아내의 시신을 싣고 가는 중인데, 다음 정거장에서 내릴 겁니다."

서로에 대한 이해와 배려가 있으면 함께 할 수 있고 인내할 수 있습니다. 그러나 이해와 배려가 없으면 오해하고 비방하며 짜증내며 모욕하고 시기합니다. 서로를 향하여 비방하고 시기하고 모욕하는 것처럼 악한 것이 없습니다. 더구나 비방은 사람을 죽이는 것과 같습니다. 비록 칼과 총으로 죽이는 것은 아니지만 비방 그 자체가 사람을 죽이는 독과 같습니다. 그러므로 정직한 충고는 필요하지만 근거 없는 모욕과 비방은 사라져야 합니다.

그런데 가슴 아픈 것은 우리가 살고 있는 현실입니다. 이해하고 배려하기보다는 비방하고 속이는 일들이 난무하고 있습니다. 우리는 이러한 현실 가운데 그리스도인으로 부름 받았습니다. 이러한 부르심의 목적은 비방과 판단의 삶이 난무하는 시대 가운데 사랑과 배려가 살아 있는 사회를 만드는 것입니다. 이것이 성경의 가르침이며, 우리를 부르신 하나님의 뜻입니다.

깊은 묵상

1. 서로에 대한 비방이 사라지기 위하여 절실하게 필요한 것은 무엇이라 생각합니까?

2. 비방과 술수를 사용하여 스스로 높아지는 것과 하나님이 높여 주시는 것 사이에 어떠한 차이가 있다고 생각합니까?

삶에 적용

상대방을 배려하고 이해하지 않는다면 남는 것은 서로에 대한 헐뜯음만이 있을 것입니다. 이러한 불행이 일어나지 않기 위해 우리가 각 영역에서 해야 할 일이 무엇인지 적어보고 실천하여 보시기 바랍니다.

1. 가정 :
2. 교회 :
3. 이웃 :

정직한 기도

상대방을 이해하지 못하고 헐뜯었던 일이 있었습니다. 하나님 앞에 회개하오니 용서하옵소서. 그리고 스스로 높아지기보다는 하나님이 높여 주시기를 간절히 기도하오니 인도하여 주옵소서.

미션 뱅크

은사에 따라 교회공동체 안에서 봉사 활동 하나 이상 하기

배려 2 참된 경건

하나님 아버지 앞에서 정결하고 더러움이 없는 경건은 곧 고아와 과부를
그 환난 중에 돌보고 또 자기를 지켜 세속에 물들지 아니하는 그것이니라
(약 1:27)

 오늘의 말씀

26 누구든지 스스로 경건하다 생각하며 자기 혀를 재갈 물리지
아니하고 자기 마음을 속이면 이 사람의 경건은 헛것이라 27 하
나님 아버지 앞에서 정결하고 더러움이 없는 경건은 곧 고아와
과부를 그 환난중에 돌보고 또 자기를 지켜 세속에 물들지 아니
하는 그것이니라 (약 1:26-27)

말씀 나누기

"행복해 보려고 몸부림치지 말고 거룩해지려고 몸부림치라"

청교도 목사인 존 트렙은 경건은 녹슬지 않는 보물, 부족을 모르는 풍
요, 궁핍이 없는 창고, 흠이 없는 미, 그리고 우울이 없는 환희를 우리에게
선사한다고 하였습니다. 경건을 위하여 몸부림쳐야 할 이유입니다. 그러기
에 바울은 사랑하는 아들 디모데에게 무엇보다도 경건에 이르기를 연습하
라고 한 것입니다(딤전 4:7-8).

경건을 위한 열심이 없이 하나님의 영광을 볼 수 없습니다. 경건은 우리 신앙의 핵심입니다. 그런데 경건을 수도원식 개념으로 오해해서는 안 됩니다. 성경은 깊은 산속에 홀로 들어가 금욕주의적인 삶을 통하여 하나님을 알아가는 것을 강조하는 것이 아닙니다. 때로는 세상의 모든 일에서 벗어나 조용한 시간을 갖는 것이 필요합니다. 하나님을 깊이 체험할 수 있는 시간이 필요하기 때문입니다. 하지만 이것은 성경이 적극적으로 가르치는 것이 아닙니다. 성경은 삶의 현장에서 경건을 이루라고 말씀합니다.

경건은 무엇보다 자신에게 겸손합니다. 쉽게 말하고 함부로 판단하지 않습니다. 자신의 혀를 제어하지 않는 사람은 경건한 사람이라 말할 수 없습니다. 경건은 상대방의 상황과 처지에 대하여 관심을 갖습니다. 비록 말하고자 하는 것이 합당하다 하더라도 상대방을 생각하여 함부로 말하지 않습니다.

그리고 참된 경건은 가난한 사람을 존중합니다. 사회적 약자라고 해서 함부로 말하지 않습니다. 그의 인격을 무시하지 않고 하나님의 형상으로서 한 존재로 대하는 것입니다. 가장 무지하고 악한 자는 가난한 자를 깔보는 자입니다. 좀 가졌다고 우습게 여기고, 좀 배웠다고 거들먹거리는 것입니다. 이것은 경건과 거리가 먼 것입니다. 경건의 신비는 하나님께서 자기 자신을 인간의 자리까지 스스로 낮추시는 겸손임을 알아야 합니다.

또한 참된 경건은 자신을 살피고 세상의 가치관에 물들지 않게 합니다. 세상의 가치는 개인의 풍요와 만족입니다. 이웃이 슬퍼하고 지쳐 있어도 관심이 없습니다. 오직 자신에게만 관심이 있습니다. 공동체의 아픔에는 관심이 없습니다. 그러나 참된 경건은 이러한 세상의 가치관에서 단오하게 자기를 지키고 성경의 세계관으로 살아갑니다.

참된 경건은 이렇게 삶의 현장 가운데 실천되어집니다. 겸손한 말과 약자에 대한 사랑과 성경적 세계관으로 실천하는 삶을 삽니다. 이러한 영적인 준비가 견고할 때 우리는 신뢰 받는 그리스도인이 될 수 있습니다. 그러므로 참된 경건을 이루기 위해 열심히 훈련해야 합니다. 훈련은 지속적으로 땀을 흘리는 것입니다. 하나님의 말씀을 이루기 위하여 몸부림치는 것입니다. 이 땅의 성공과 행복을 위한 간증이 아니라 참된 경건을 위한 간증이 있어야 합니다.

그동안 한국 교회가 가르쳐 온 것 가운데 귀한 것이 많이 있지만 가슴 아픈 것이 있다면 바로 참된 경건의 가르침을 강조하지 않은 것입니다. 교회를 세우고 교회봉사를 하고 교제를 나누는 것은 열심히 하여 어디에 내어 놓아도 부끄럽지 않지만 가난한 자와 핍박 받는 자들을 위한 나눔과 섬김은 소홀히 하였습니다. 그래서 투기를 통하여 부자는 될 수 있어도 가난한 자를 위하여 기써이 자신의 것을 나누지 못하였습니다. 정직하지 못한 방법으로 부자가 되어도 수단에 상관없이 결과에 박수를 쳤습니다. 그리고 사회적 신분은 올라갔습니다. 그런데 점점 부패의 소식 가운데 그리스도인의 이름이 심심치 않게 들립니다. 현세에 대한 끝없는 집착이 내세에 대한 소망을 버리게 하였습니다. 그러므로 하나님 앞에 받게 될 심판도 관심이 적어진 것입니다. 손봉호 교수는 한 인터뷰에서 한국 교회의 현실을 암울한 모습으로 이야기하였습니다.

　　● ● ● 기독교가 도덕적 권위를 상실한 원인은 무엇인가? 교회 성장이라는 '우상' 이다. 교회가 성장 중심의 자본주의적이다. '전도를 많이 한다' 는 미명 아래 교회의 크기를 늘리는 것이다. 목사들의 설교는 교인들의 귀에 좋은 말뿐이다. '예수 믿으면 복 받는다' 등 교인들을 즐겁고 행복하게 하는 데에만 치중한다. 그래야 교회가 커지고 헌금도 많이 거둘 수 있기 때문이다. 이러한 교회의 분위기가 교회의 도덕적 타락을 불러 일으켰다. 집사, 장로, 목사의 질이 떨어진다. 신학교는 점점 많아지지만 인격교육이 아니라 단순히 성경지식을 전수하여 목사의 수준이 떨어진다. 때로는 신학교 설립목적 자체가 순수하지 못한 경우도 있다. 한국교회는 개신교의 역사상 중세시대 이후로 가장 부패해 있다.

손봉호 교수의 말 가운데 한국 교회가 중세 이후에 가장 부패하였다는 말이 가슴을 아프게 합니다. 물론 모든 교회가 그렇지 않고 거룩한 사명에 불타고 정직하게 살고 있으며 참된 경건을 추구하는 교회가 있습니다. 그러나 보편적 교회의 모습은 우리의 마음을 슬프게 하는 것이 현실입니다.

경건을 외치지만 경건의 모양만 있지 경건의 능력을 상실한 교회와 그리스도인의 가증한 모습을 보게 됩니다. 이제 경건의 능력을 회복하고 보여 주어야 합니다. 참된 경건은 말에 있지 않습니다. 참된 경건은 가난한 이웃을 위한 사랑과 나눔이라는 배려입니다. 그러므로 참된 경건의 모습을 회복하지 않는다면 우리 모두는 하나님 앞에 책망 받을 것입니다. 그리고 교회와 사회의 미래는 암울해집니다. 다시금 하나님 앞에 서서 우리의 모습을 돌아보고 고쳐야 할 것과 버려야 할 것을 분별해야 합니다. 참된 경건의 회복이 우리의 사명입니다.

 ## 깊은 묵상

1. 당신이 보고 있는 한국 교회의 현실과 문제는 어디에 있다고 생각합니까?

2. 성경이 가르치는 참된 경건에 대한 교회의 진지한 가르침과 실천이 적은 이유는 무엇입니까?

🐬 삶에 적용

주변을 보거나 혹은 미디어를 통하여 핍박받거나 고통 당하는 가난한 사람들의 이야기를 들었을 때 당신이 취한 태도는 어떠했습니까? 오늘 말씀 묵상을 통하여 결단하였다면 주변의 가난한 이들을 위한 작은 나눔을 시작해 보시기 바랍니다.

1. 가정 :
2. 교회 :
3. 이웃 :

🌙 정직한 기도

외식적이고 거짓된 경건에 빠져 있으면서도 부끄러움이 없었던 우리의 모습을 용서하여 주시고 참된 경건을 회복하여 교회를 다시금 깨우고 하나님께 영광을 돌릴 수 있게 하옵소서.

👣 미션 뱅크

지역사회의 도움이 필요한 기관이나 단체, 모임에 월 1회 이상 방문하기

작은 자 하나에게

임금이 대답하여 이르시되 내가 진실로 너희에게 이르노니 너희가 여기 내
형제 중에 지극히 작은 자 하나에게 한 것이 곧 내게 한 것이니라 하시고
(마 25:40)

오늘의 말씀

31 인자가 자기 영광으로 모든 천사와 함께 올 때에 자기 영광의 보좌에
앉으리니 32 모든 민족을 그 앞에 모으고 각각 구분하기를 목자가 양과
염소를 분별하는 것 같이 하여 33 양은 그 오른편에 염소는 왼편에 두리
라 34 그 때에 임금이 그 오른편에 있는 자들에게 이르시되 내 아버지께
복 받을 자들이여 나아와 창세로부터 너희를 위하여 예비된 나라를 상속
받으라 35 내가 주릴 때에 너희가 먹을 것을 주었고 목마를 때에 마시게
하였고 나그네 되었을 때에 영접하였고 36 헐벗었을 때에 옷을 입혔고
병들었을 때에 돌보았고 옥에 갇혔을 때에 와서 보았느니라 37 이에 의
인들이 대답하여 이르되 주여 우리가 어느 때에 주께서 주리신 것을 보
고 음식을 대접하였으며 목마르신 것을 보고 마시게 하였나이까 38 어느
때에 나그네 되신 것을 보고 영접하였으며 헐벗으신 것을 보고 옷 입혔
나이까 39 어느 때에 병드신 것이나 옥에 갇히신 것을 보고 가서 뵈었나
이까 하리니 40 임금이 대답하여 이르시되 내가 진실로 너희에게 이르노
니 너희가 여기 내 형제 중에 지극히 작은 자 하나에게 한 것이 곧 내게
한 것이니라 하시고 (마 25:31-40)

● ● ● 우리는 어떤 아이가 구걸을 해서 번 돈 20달러를 친구들에게 나누어 주는 것을 본 적도 있고, 어떤 노숙자가 헌금 바구니에 자신의 전 재산인 담배 한 갑을 바치는 것을 본 적도 있다. 또 거리에서 음악을 연주하던 어떤 소경 여인이 못된 아이들에게 조롱을 당하며 욕을 먹다가 결국에는 눈에 표백제가 뿌려지는 학대를 당하는 장면을 목격하기도 했다. 그날 밤에 우리가 그녀의 눈을 닦아 주면서 "세상에 나쁜 사람들이 정말 많아요."라고 말하자, 그녀는 "하지만 착한 사람들도 많아요. 나쁜 사람들이 있으니까 여러분처럼 착한 사람들이 더욱 빛나는 것 아니겠어요?"라고 답하며 웃었다.

한 번은 아홉 살밖에 되지 않는 노숙자 소녀를 만나 이 다음에 무엇이 되고 싶으냐고 물었다. 그 애는 잠시 머뭇거리더니 "가게 주인이 될 거예요."라고 대답했고, 그 이유가 뭐냐고 묻자 "배고픈 사람들에게 먹을 것을 나눠줄 수 있잖아요."라고 대답했다. 테레사 수녀는 "우리는 가난 속에서 가장 비천한 모습으로 변장한 예수님을 만날 수 있다."라고 말했다. 나는 노숙자들과 함께 지내면서 그게 무슨 뜻인지 비로소 깨달았다. [쉐인 클레어본 『행동이 믿음을 증명한다』]

우리는 작은 자에 대하여 경솔하게 대할 때가 많이 있습니다. 특별히 사회적으로 약자인 사람들을 차별하는 것을 종종 봅니다. 가끔씩 걸인들을 만나면 큰 교회일수록 더욱 야박하다는 소리를 종종 듣습니다. 그래서 작은 교회 여러 곳을 다니는 것이 오히려 낫다는 것입니다. 작은 교회는 큰 교회에 비하여 사랑이 남아 있다고 말합니다. 그래서 개척교회가 어렵고 힘든 것을 알아도 개척교회를 찾아 구걸한다는 것입니다. 때로는 벼룩의 간을 빼어 먹는다고 말하면서도 이내 씁쓸함을 느끼지 않을 수 없습니다.

교회는 커지고 사람들의 지위도 올라갔습니다. 이제 교회는 번듯한 옷을 입지 않으면 올 수 없는 그러한 공간이 되어 버렸습니다. 목마른 자가 와서 물을 먹고, 돈 없는 자가 와서 평안을 누리는 곳이 아니라 있는 자들의 안식처가 되어 버렸습니다(사 55:1). 성공한 사람들의 나눔터가 되어 버린 교회의 모습을 보면 두렵고 떨립니다. 교회가 존재하는 목적이 어디 있는지 모를 지경이 되어 버렸습니다. 교회들은 앞 다투어 각종 클럽을 만들어서 행복의 잔치를 벌이고 있습니다. 가진 자, 능력 있는 자들의 사교장이 된 것입니다. 그러니 성공하지 못한 자, 가난하고 여유가 없는 자들은 오늘의 교회에서는 가치가 없습니다. 성공이 은혜 받은 증거라면 이 시대에 목마른 자와 돈 없는 자는 어디로 가야 합니까?

예수님은 마지막 날에 복 받을 자에 대하여 말합니다. 이들은 창세로부터 예비된 하나님의 나라를 상속 받을 자들입니다. 이처럼 가슴 설레이는 것이 어디 있습니까? 예비된 나라를 상속 받는 것입니다. 그런데 누가 이러한 복을 받는 것입니까? 예수님은 주릴 때에 너희가 먹을 것을 주었고, 목마를 때에 마시게 하였고, 나그네 되었을 때에 영접하였고, 벗었을 때에 옷을 입혔고, 병들었을 때에 돌아보았고, 옥에 갇혔을 때에 와서 보았던 자들이라고 말합니다. 그러나 복을 받을 의인들은 이해할 수 없었습니다. 그렇게 한 일이 없기 때문입니다. 그러자 예수님은 아주 놀라운 선언을 합니다. "내 형제 중에 지극히 작은 자 하나에게 한 것이 곧 내게 한 것이니라" (마 25:40)

작은 자에 대한 배려가 하나님 나라를 상속 받는 위대한 근거가 된 것입니다. 작은 자는 대수롭지 않게 여겨질 수 있습니다. 그래서 늘 찬밥이 되는 경우가 많습니다. 우리 주변에는 이렇게 작은 자들이 많이 있습니다. 가정적으로 어려운 자들이 있습니다. 신체적으로 힘든 이들이 있습니다. 경제적으로 작아진 자들이 있습니다. 정신적으로 고통 받고 있는 자들이 있습니다. 교육적으로 약한 자들이 있습니다. 모두가 작은 자들입니다. 우리들의 손길을 소중하게 기다리는 자들입니다. 그리고 이들 가운데 변장하신 예수님이 계시는지도 모릅니다.

그렇기에 작은 자에 대한 배려는 거듭난 그리스도임을 드러내는 지표와 같습니다. 행함이 없는 믿음은 죽은 믿음입니다. 우리의 믿음은 행함으로 증명되어집니다. 그러므로 무엇보다 작은 자에 대한 배려의 마음이 그 기준이라 할 수 있습니다. 하나님 나라의 가치는 성공을 통한 위대한 선전에만 있지 않습니다. 오히려 작은 자를 소중히 여기고 존중히 여기는 곳에 있습니다.

그리스도인은 이 땅에 살지만 하늘을 바라보며 사는 자들입니다. 그래서 이 땅의 영광이 최종적이지 않습니다. 그리스도인은 영원한 나라의 상속을 바라보면서 이 땅을 살아가는 순례자입니다. 본향을 향하는 영적인 순례자로서 이 땅의 것에 집착하여 하나님의 나라를 얻지 못하는 불행이 없어야 합니다. 하나님은 오늘도 우리의 작은 손으로 이렇게 작은 자들을 사랑하고 섬기라고 말씀합니다. 지금 우리에게 와 있는 작은 자는 누구입니까?

깊은 묵상

1. 우리 교회는 가난한 자와 연약한 자들이 가슴을 펴고 참된 안식을 누리고 있습니까?

2. "지극히 작은 자에게 한 것이 곧 내게 한 것"이라는 말씀 앞에 당신의 정직한 심정은 어떠합니까?

🐟 삶에 적용

작은 자에 대하여 경솔하게 대한 것이 생각난다면 즉시 회개하시기 바랍니다. 그리고 주변에 있는 작은 이들이 생각난다면 우리의 말과 가진 것을 참된 기쁨으로 나눌 수 있기를 바랍니다.

1. 가정 :
2. 교회 :
3. 이웃 :

☺ 정직한 기도

다른 이들의 아픔을 생각지 않고 살았던 우리의 무지함을 용서하여 주옵소서. 그리고 작은 자들 가운데 계신 예수님을 보지 못하였던 우리의 우둔함노 용서하옵소서. 작은 자들에 대하여 배려하고 그들을 사랑하고 겸손히 대할 수 있게 하옵소서.

🙇 미션 뱅크

나에게 도움을 요청하는 사람의 필요 그 이상으로 섬기기

배려 4 믿음의 길, 섬김의 길

인자가 온 것은 섬김을 받으려 함이 아니라 도리어 섬기려 하고 자기 목숨을 많은 사람의 대속물로 주려 함이니라 (마 20:28)

🖼 오늘의 말씀

20 그 때에 세베대의 아들의 어머니가 그 아들들을 데리고 예수께 와서 절하며 무엇을 구하니 21 예수께서 이르시되 무엇을 원하느냐 이르되 나의 이 두 아들을 주의 나라에서 하나는 주의 우편에, 하나는 주의 좌편에 앉게 명하소서 22 예수께서 대답하여 이르시되 너희는 너희가 구하는 것을 알지 못하는도다 내가 마시려는 잔을 너희가 마실 수 있느냐 그들이 말하되 할 수 있나이다 23 이르시되 너희가 과연 내 잔을 마시려니와 내 좌우편에 앉는 것은 내가 주는 것이 아니라 내 아버지께서 누구를 위하여 예비하셨든지 그들이 얻을 것이니라 24 열 제자가 듣고 그 두 형제에 대하여 분히 여기거늘 25 예수께서 제자들을 불러다가 이르시되 이방인의 집권자들이 그들을 임의로 주관하고 그 고관들이 그들에게 권세를 부리는 줄을 너희가 알거니와 26 너희 중에는 그렇지 않아야 하나니 너희 중에 누구든지 크고자 하는 자는 너희를 섬기는 자가 되고 27 너희 중에 누구든지 으뜸이 되고자 하는 자는 너희 종이 되어야 하리라 28 인자가 온 것은 섬김을 받으려 함이 아니라 도리어 섬기려 하고 자기 목숨을 많은 사람의 대속물로 주려 함이니라 (마 20:20-28)

말씀 나누기

"섬김은 자신을 죽이는 것입니다."

섬김이 무엇인가를 가장 잘 표현해 주는 말입니다. 누구든지 자신이 살아 있는 한 섬기는 것은 쉽지 않습니다. 섬김은 의지적으로 자신을 죽임으로써 되어집니다. 이 사실을 잘 보여 주는 것이 바로 우리 예수님의 삶입니다. 예수님은 제자들과 함께 복음의 사역을 감당하였습니다. 그 길은 세상의 눈으로 볼 때 화려하지 않았습니다. 편안한 삶과는 매우 다른 삶이기 때문입니다. 그래도 제자들은 희망을 가지고 있었습니다. 더구나 제자들의 어머니들은 우리 시대의 어머니들과 같이 자식에 대하여 거는 기대가 동일하였습니다. 그중에 세베대의 어머니는 예수님에게 주의 나라가 임하거든 하나는 우편에 하나는 좌편에 앉게 해달라고 요청하였습니다. 이 일로 인하여 제자들 가운데 소란이 생겼습니다. 그러자 예수님은 아주 단호하게 말씀하셨습니다. 너희 중에 크고자 하는 자는 섬기는 자가 되어야 한다는 것입니다. 으뜸이 되고자 한다면 종이 되라는 것입니다. 이 말은 모든 제자들의 소란을 잠재웠습니다. 그리고 이 말씀이 끝나자 예수님은 완벽하게 못을 박는 이야기를 하십니다.

● ● ● 인자가 온 것은 섬김을 받으려 함이 아니라 도리어 섬기려 하고 자기 목숨을 많은 사람의 대속물로 주려 함이니라 (마 20:28)

자신이 오신 이유가 섬김을 받으려는 것이 아니라 섬기기 위해 왔다는 것입니다. 그래서 자신의 목숨을 많은 사람을 위하여 줄 것이라 말씀합니다. 이 말씀 앞에 제자들은 더 이상 아무 말도 할 수 없었습니다. 자신들의 모습이 너무나 부끄러웠기 때문입니다.

그런데 이러한 부끄러운 모습들이 교회 안에 참으로 많이 존재하는 것을 봅니다. 작은 교회나 큰 교회나 할 것 없이 성도나 장로, 목사 할 것 없이 자리다툼하는 것을 자주 볼 수 있습니다. 성경이 말씀하는 기준에 자신을 비추어 부끄러우면 뒤로 물러서야 하지만 성경의 기준은 아무 상관이 없습니다. 중요한 것은 자신의 자리를 갖는 것입니다. 그러나 자리싸움은 믿음의 길과는 아무 관계가 없습니다. 믿음의 길은 말씀 앞에 정직하게 자신의 신앙을 비추어 보고 순종하는 것에서 시작됩니다. 주어진 직분은 섬김을 위한 종의 자리입니다. 군림하는 자리가 아니고 큰 소리를 내고자 하는 자리도 아닙니다. 영광을 얻으려고 하는 자리도 아닙니다. 오직 겸손하게 섬기는 자리입니다. 말없이 섬기다가 하나님께 칭찬을 받는 자리입니다.

●　●　● 500만 번 기도응답을 받은 것으로 유명한 조지 뮐러에게 어떤 사람이 그의 봉사의 비결이 무엇이냐고 물었을 때, 그는 다음과 같이 대답했습니다.

"내가 죽었던 날이 있었습니다. 조지 뮐러라는 내 자신에게 죽고 또 나의 의견과 선택과 취미와 내 뜻에 죽고, 내 형제나 친구들에게 있어서도 그들의 찬성과 비난에 죽었습니다. 그리고 그 때 이후로는 나는 다만, 내 자신이 하나님의 인정만을 받도록 배워 왔습니다."

믿음의 길은 자신을 죽이고 섬김으로 빛을 발합니다. 그리고 오직 하나님의 인정만을 기뻐합니다. 그러기에 섬김이 있어도 교만이 자리 잡을 자리가 없습니다. 이렇듯 믿음의 길은 섬김의 길입니다.

그러나 섬김은 교회 안에서 시작되어 그 안에서 멈추어서는 안 됩니다. 교회 밖으로 나가야 합니다. 우리는 교회로 모이고 교회로 흩어지고 삶의 현장에서 교회가 되어 살아가야 합니다. 섬김을 받으려고 자리를 탐한다면 그는 이방인입니다. 구원 받은 백성이라 말할 수 없습니다. 거듭난 하나님의 자녀는 철저하게 섬김을 통하여 믿음을 증명하고 믿음의 길을 담대하게 걸어가는 자입니다. 미국의 부흥사였던 무디는 "만약 성령으로 거듭났다면 당신은 하나님을 섬기려고 노력할 필요가 없을 것입니다. 섬기는 일은 이미 당신에게 당연한 일이 되어 버렸기 때문입니다."라고 하였습니다.

그러므로 교회 공동체 안에 섬김의 영광이 있어야 합니다. 예수님의 가르침과 삶이 교회 공동체 안에 나타나지 않는다면 결코 사회를 향한 섬김의 삶을 살 수 없습니다. 교회는 사회를 섬기는 공동체입니다. 사회를 지배하고 군림하는 곳이 아닙니다. 섬김을 통하여 자발적 권위를 가져야 합니다. 우리 주님은 먼저 섬기셨습니다. 가난한 자를 먼저 만나셨습니다. 병든 자에게 손을 내미셨습니다. 손가락질 당하는 이에게 찾아갔습니다. 숨어사는 이에게 말을 거셨습니다. 그렇게 사셨던 주님이 남긴 것은 빈 무덤입니다. 이것이 교회가 바라보아야 할 푯대입니다. 우리가 따라가야 할 길입니다. 오늘도 주님은 참 믿음의 길을 함께 가자고 부르시고 있습니다.

⬛ 깊은 묵상

1. 교회 공동체 안에서 봉사하거나 직분을 받고자 하는 이유가 어디에 있습니까?

2. 오늘날 교회가 성경에 명시된 직분자의 자격을 충실하게 따르고 있다고 생각합니까? 그렇지 않다면 그 이유가 무엇이라 생각합니까?

🐟 삶에 적용

믿음의 길은 섬김을 통하여 그 빛이 드러납니다. 섬김이 없이 우리는 그리스도를 따르는 제자라 말할 수 없습니다. 그러므로 섬김이 믿음의 생활이 되어야 합니다. 당신의 주변에 당신의 섬김을 기다리는 이들이 있습니다. 찾아가서 섬김의 기쁨을 누리시기 바랍니다.

1. 가정 :
2. 교회 :
3. 이웃 :

☺ 정직한 기도

섬기기보다는 군림하기를 좋아하고 섬김을 받기를 즐겨했던 우리의 추악함을 용서하여 주시고 주님이 가셨던 섬김의 삶을 살 수 있도록 이끌어 주옵소서.

🗻 미션 뱅크

주변 친구들에게 일주일에 1명 이상 사회적 약자에 관심을 갖도록 메일 또는 문자 보내기

배려 5 하나님의 마음

네 포도원의 열매를 다 따지 말며 네 포도원에 떨어진 열매도 줍지 말고 가난한 사람과 거류민을 위하여 버려두라 나는 너희의 하나님 여호와이니라 (레 19:10)

오늘의 말씀

9 너희가 너희의 땅에서 곡물을 거둘 때에 너는 밭 모퉁이까지 다 거두지 말고 네 떨어진 이삭도 줍지 말며 10 네 포도원의 열매를 다 따지 말며 네 포도원에 떨어진 열매도 줍지 말고 가난한 사람과 거류민을 위하여 버려두라 나는 너희의 하나님 여호와이니라 (레 19:9-10)

33 거류민이 너희의 땅에 거류하여 함께 있거든 너희는 그를 학대하지 말고 34 너희와 함께 있는 거류민을 너희 중에서 낳은 자 같이 여기며 자기 같이 사랑하라 너희도 애굽 땅에서 거류민이 되었었느니라 나는 너희의 하나님 여호와이니라 (레 19:33-34)

말씀 나누기

"2007년 8월 현재 국내 체류 외국인이 100만 명이며, 산업연수생은 40만 명에 이르고, 국제결혼도 10만 명에 이르고 있습니다."

이같은 사실은 우리 사회가 다민족 사회로 급속하게 진행되고 있음을 보여 줍니다. 농어촌에서는 국제 가정을 쉽게 볼 수 있고, 상당수의 기업은 외국인 이주 노동자들이 없으면 어려울 정도가 되었습니다. 그러나 이러한 현실에도 불구하고 여전히 이들에 대한 시각은 왜곡되어 있음을 봅니다. 성경이 말하는 것과 다른 모습이 우리 안에 있음을 봅니다. 성경은 모든 인간은 하나님의 형상으로 지음 받은 존귀한 존재라고 말씀합니다. 여기에는 어떠한 조건도 없습니다. 피부 색깔도 학력도 빈부의 격차도 조건이 될 수 없습니다. 오직 한 가지, 하나님의 형상으로 지음 받았다는 것이 그 조건입니다. 하나님의 형상이라는 사실 앞에 만인은 평등하고 그 인권이 존중받을 가치가 있습니다. 그리고 이렇게 인정받는 것을 기뻐하는 것이 하나님의 마음입니다. 하나님의 마음은 모두가 하나님 앞에서 자유하기를 기뻐하십니다. 하물며 악인이라도 멸망하지 않고 모두 돌아오기를 원하십니다(사 55:7).

그런데 이 땅에 와 있는 많은 이주 노동자들에 대한 일반적인 태도는 마음을 아프게 합니다. 피부색이 다르고 제3세계 국가에서 온 이들이지만 이들 역시 하나님의 형상으로 지음 받은 존귀한 자입니다. 그런 의미에서 외국 노동자들을 무시하는 것은 불신앙입니다.

●　●　● "하나님께서는 인간으로서 누릴 수 있는 최소한의 권리인 인권을 외국인 이주 노동자들에게도 동일하게 보증하신다. 피부색이 다르고, 언어가 다르고, 문화가 다르다고 할지라도, 외국인 이주 노동자들 각자는 이 세상에 하나 밖에 없는, 존재해야 할 이유를 지닌

하나님의 형상이다. 그들은 하나님의 분명한 계획과 배려 가운데 이 세상에 태어났고, 그들의 존재성을 하나님께서는 지금도 보증하고 계신다. 우리는 외국인 이주 노동자들을 하나님의 형상으로 지음 받은 인간으로 보아야 하고, 나아가 그들을 하나님 당신의 형상으로 보증하고 계시는 하나님을 보아야 한다. 그러므로 우리는 하나님의 형상인 외국인 이주 노동자들이 열악한 환경에서 착취당하거나 억압당하는 것을 방치해서는 안 된다. 그것은 하나님에 대한 불신앙이자, 우리 자신에게 부여된 하나님의 형상성을 포기하는 것이 될 것이기 때문이다." [정종훈 "외국인 노동자들의 인권"]

하나님은 가난한 자와 이방인들을 무시하지 않았습니다. 성경은 이 사실을 분명하게 말씀하고 있습니다. 특별히 이스라엘 백성을 향하여 말씀하시는 것에서 작은 자와 이방인에 대한 하나님의 마음을 읽을 수 있습니다 (레19:9-10). 하나님은 포도원의 열매를 다 따지 말고 떨어진 열매도 줍지 말라고 하십니다. 이것들은 모두 가난한 사람들과 외국인들을 위하여 버려두라는 것입니다. 하나님의 배려하심을 볼 수 있습니다. 하나님은 좀 더 적극적으로 타국인들을 대하는 이스라엘 백성을 향하여 말씀하십니다. 그들을 학대하지 말고, 자신 같이 사랑하라는 것입니다. 외국인이라 해서 함부로 해서는 안 됨을 친히 말씀하셨습니다. 이스라엘도 애굽에서 타국인으로 살았습니다. 그 때에 얼마나 많은 고통을 당하였습니까? 고통의 울부짖음이 하나님께 들려졌고 하나님은 이스라엘 백성을 해방시켰던 것입니다. 그러한 이스라엘 백성들이 자신들이 주인이 되었다고 동일하게 외국인을 학대할 수 없다는 것입니다.

우리 가운데 와 있는 외국인 이주 노동자와 외국인 가족들은 하나님께서 우리에게 보내 주신 선물입니다. 그러므로 이들의 인권을 위한 정성이 있어야 합니다. 또한 차별 없는 사회를 만들어 이들도 우리의 가족처럼 지낼 수 있어야 합니다. 타국인도 자신처럼 여기라는 하나님의 말씀을 실천해야 합니다.

특별히 이들을 향한 나눔과 섬김 그리고 배려는 세계 선교적인 측면에서도 매우 중요합니다. 우리 모두가 나가서 직접 선교를 할 수 없지만 하나님 나라를 확장하는 간접 선교의 역할을 충분히 감당할 수 있습니다. 그런 의미에서 이주노동자들과 외국인 가족은 우리에게 주어진 하나님의 선물입니다. 그러므로 이들을 향한 하나님의 마음을 가져야 합니다. 사실 우리도 나그네요 이방인이었습니다. 그런데 하나님께서 우리를 긍휼히 여기시고 자녀로 삼아 주셨습니다. 이 사실을 우리가 잊지 않고 있다면 우리 역시 우리 가운데 와 있는 나그네들을 소중하게 여겨야 합니다. 우리가 하나님의 아들 예수 그리스도를 믿고 하나님의 자녀가 되었다면 우리는 누구도 차별하거나 무시할 수 없습니다. 하나님이 우리를 사랑하시듯 우리도 하나님의 마음으로 사랑하고 배려할 수 있어야 합니다. 우리에게 절실하게 필요한 것은 바로 이러한 하나님의 마음입니다.

깊은 묵상

1. 당신의 교회는 외국인 이주 노동자들을 위하여 어떠한 관심을 가지고
   있습니까?

2. 선진국에서 온 외국인과 제3세계에서 온 외국인에 대하여 당신의 시각
   은 어떠합니까? 그렇게 생각하는 이유는 무엇입니까?

🐟 삶에 적용

우리 주변에 많은 외국인 노동자와 가족들이 있습니다. 이들에 대한 사랑을 나눌 수 있는 기회를 만들어 보시기 바랍니다. 혼자 하기가 힘들다면 교회 공동체를 통하여 외국인 노동자와 가족들을 위한 봉사를 실천해 보시기 바랍니다.

1. 가정 :
2. 교회 :
3. 이웃 :

☺ 정직한 기도

우리가 나그네 되어 아무 소망 없이 살았을 때 우리를 찾으시고 우리에게 소망을 주신 하나님의 은혜를 생각합니다. 이제 우리도 이 받은 은혜를 우리에게 찾아온 귀한 손님들에게 나눌 수 있도록 하나님의 마음으로 충만하게 하옵소서.

📿 미션 뱅크

외국인 근로자를 편견 없이 이웃으로 대하며, 장애인에 대해 세심하게 배려하기

배려 6 서로 짐을 지라

너희가 짐을 서로 지라 그리하여 그리스도의 법을 성취하라 (갈 6:2)

🖐️ 오늘의 말씀

> 1 형제들아 사람이 만일 무슨 범죄한 일이 드러나거든 신령한 너희는 온유한 심령으로 그러한 자를 바로잡고 너 자신을 살펴보아 너도 시험을 받을까 두려워하라 2 너희가 짐을 서로 지라 그리하여 그리스도의 법을 성취하라 3 만일 누가 아무 것도 되지 못하고 된 줄로 생각하면 스스로 속임이라 4 각각 자기의 일을 살피라 그리하면 자랑할 것이 자기에게는 있어도 남에게는 있지 아니하리니 5 각각 자기의 짐을 질 것이라 (갈 6:1-5)

✍️ 말씀 나누기

"빨리 가려면 혼자 가라. 그러나 멀리 가려면 함께 가라."

하나님께서 사람을 지으셨을 때 아담 혼자 사는 것이 외로워 보여서 하와를 만드셨습니다. 잠시 살기에는 혼자 사는 것이 괜찮아 보이지만 멀리 가는 삶은 혼자 가기에 쉬운 길이 아닙니다. 아담과 하와를 통하여 가족을 형성하고 사회가 이루어지고 국가가 만들어졌습니다. 그래서 하나님을 알지 못하는 철학자들은 말하기를 사람은 사회적 존재라고 하였던 것입니다. 하나님이 만드신 창조의 세계는 어느 것 하나 홀로 존재하지 않습니다. 그 자체로는 아무 의미가 없습니다. 함께 할 때 주어진 창조물들이 아름다운 것입니다.

사도 바울은 그리스도인의 삶에 대하여 동일한 심정으로 말씀합니다. 그리스도인들은 서로 함께 하는 사람들입니다. 야곱의 고백처럼 험악한 세월을 사는 이들에게 있어서 가야 할 길은 쉬운 길이 아닙니다. 그러므로 서로가 조금씩 짐을 져 준다면 비록 험악한 길이라 할지라도 포기하지 않고 갈 수 있습니다. 서로가 인생의 무거운 짐들을 함께 하는 것은 그리스도의 법을 이루는 길입니다. 예수 그리스도께서 우리에게 주신 새로운 법은 서로 사랑하는 것입니다. 사랑은 서로의 짐을 져 주는 것입니다.

어떤 이들은 홀로 지고 갈 수 있다고 말합니다. 한편으로는 아름답게 보입니다. 물론 개인이 지고 갈 수 있는 작은 짐까지 남에게 넘길 수는 없습니다. 각자의 짐이 있기 때문입니다(갈 6:5). 그러나 감당하기에 어려운 것은 함께 지고 가는 것입니다. 함께 지고 가는 것은 하나님의 위대한 섭리입니다. 함께 지는 삶을 살지도 않으면서 성도의 거룩함을 나타내는 것은 자신을 속이는 것과 같습니다. 서로 짐을 지는 것은 서로에 대한 배려입니다. 이러한 배려는 사랑과 겸손이 없이는 불가능합니다. 서로 함께 가는 것은 그 자체로 아름다움입니다. 존 스토트는 다음과 같이 말합니다.

● ● ● 짐을 져 주는 일은 위대한 사역이다. 이는 그리스도인은 누구나 해야 하고 또 할 수 있는 것이다. 이는 성령을 쫓아 행함의 자연적 소산이다. 이것은 그리스도의 법을 성취하는 길이다. 마틴 루터는 그러므로 그리스도인은 튼튼한 어깨와 힘찬 골격을-무거운 짐을 이길 수 있을 만큼 완강한- 갖추어야 한다고 서술하였다.

이러한 위대한 사역을 할 수 있는 길들이 우리 주변에는 참으로 많이 있습니다. 우리의 작은 배려가 무거운 짐으로 고생하고 있는 이들의 어깨를 가볍게 할 수 있습니다. 다음의 기록은 우리의 마음을 무겁게 합니다.

● ● ● 통계청이 지난해 인구주택 총조사에서 사상 처음으로 실시한 거주 층별 가구조사 결과 반 지하를 포함한 지하방 거주자가 58만6천여 가구(142만 명), 옥탑방에 5만1천여 가구(8만 명)인 것으로 집계됐다. 또한 거처종류별 가구조사에선 4만5천여 가구(11만 명)가 판잣집, 비닐집, 움막, 동굴 등에서 거주하는 것으로 나타났다. 부동산 극빈층이 총 68만 가구, 160만 명에 이른다는 것이다. 부동산 극빈층은 서울을 비롯한 수도권에 93%가 집중돼 있는 것으로 나타났다. 지하방 거주자 중 서울 거주자가 60.6%, 경기도 27.2%, 인천 7.6%였다. 옥탑방 거주자도 수도권에 88.6%가 몰려 있었다. 판잣집, 비닐집 거주자도 수도권에 92.7%가 집중되어 있다.
지하거주 가구만 따져보면 서울의 총 340만 가구 중 10.7%인 35만5천 가구가 지하거주 가구로 집계됐다. 서울시민 열 명 중 한 명이 지하방에 산다는 것이다. 인천은 5.4%, 경기는 4.8%였다. 또한 지하방과 옥탑방 거주자는 대부분 셋방살이를 하고 있는 것으로 나타났다. 이들 가운데 전월세 비율은 84%로 전체가구의 전월세비율인 41%의 2배에 달했다. [2006년10월18일 프레시안]

자본주의가 가져온 장점도 있지만 그로 인하여 아파하고 눈물을 흘리고 힘들어야 할 이들을 수없이 만들어내는 단점도 있습니다. 이 단점은 세상의 가치관으로는 해결할 수가 없습니다. 어떤 이론도 결코 이 아픔을 해결할 수 없습니다. 구조의 해결을 통하여도 불가능합니다. 늘 힘들고 어려운 이들이 우리 가운데 있을 것입니다. 그러므로 오직 이 일을 감당할 수 있는 것은 그리스도인 밖에 없습니다.

하나님은 이들을 섬기게 하려고 우리를 부르셨습니다. 우리가 받은 사랑을 실제적으로 나누어 줄 수 있어야 합니다. 이 일을 감당할 수 있는 이는 이 땅에 모든 소망을 두고 사는 자들이 아닌 하늘에 소망을 두고 있는 그리스도인만이 할 수 있습니다. 우리들이 지치고 힘들게 살아가는 이 땅의 많은 사람들에게 혼자가 아니고 함께 가는 이들이 있음을 보여 주어야 합니다. 그래서 절망 가운데 스스로 생을 마감하는 그러한 불행이 없어지고 함께 가는 이들이 있음을 바라보고 일어나게 하여야 합니다.

우리 앞에 함께 가 달라고 부르는 소리가 귀에 들리고 있습니다. 건강한 어깨를 빌려 달라고 요청하고 있습니다. 이 소리에 기쁨으로 응답하여야 합니다. 그리하여 그리스도의 법을 성취하여야 합니다. 하나님의 영광이 우리의 작은 배려와 사랑에서 흘러가야 합니다.

 깊은 묵상

1. 서로 짐을 지기 위한 삶을 살기 위하여 우리에게 우선 준비되어야 할 것이 있다면 무엇일까요?

2. 함께 짐을 지고 가는 것이 하나님의 위대한 섭리라는 사실은 무엇을 의미합니까?

지금 당신의 도움을 필요로 하는 곳이 있습니다. 그것이 가정, 직장, 이웃 그리고 교회일 수 있습니다. 오늘 찾아가 서로 짐을 질 수 있도록 당신의 시간과 육체 그리고 물질을 나누어 보시기 바랍니다. 세상은 조금 밝아질 것입니다.

1. 가정 :
2. 교회 :
3. 이웃 :

정직한 기도

서로 짐을 지는 것이 그리스도의 법을 성취하는 길임을 온전히 인식하게 하시고 필요로 하는 곳에 직지만 함께 할 수 있는 믿음을 주옵소서. 내일로 미루는 것이 아니라 오늘 그 일을 감당할 수 있게 하소서.

미션 뱅크

선물을 할 때에는 손으로 직접 쓴 카드와 함께 하기

참고도서

■ 간행물

《크리스챤 투데이》 2007.10.31.

문화일보 2007년 10월 3일자

손봉호, "기윤실 20주년 동역교회 초청 감사 예배 기념 축사"
　　(2007.10.15.)

■ 단행본

『디럭스 바이블』

『교회사에서 골라낸 1882가지 신앙이야기』(편집부 기독교 교문사,
　　2002)

A.A. 핫지, 김종흡 역, 『웨스터민스터신앙고백서 해설』(크리스챤 다이
　　제스트, 1996)

A.W. 토저, 한상국 옮김, 『거듭난 자의 생활』(생명의 말씀사, 2002)

I.D.E 토마스, 이남종 역, 『청교도 명언 사전』(크리스챤 다이제스트,
　　1992)

김두식, 『칼을 쳐서 보습으로』(뉴스엔조이, 2002)

김병삼, 『하나님을 미소 짓게 하는 이야기』(프리셉트, 2007)

니코랄스 월터스토프, 홍병룡 역, 『정의와 평화가 입맞춤 할 때까지』
     (IVP, 2007)

데이빗 아트킨슨, 한혜경 외 옮김, 『평화의 신학』(나눔사, 1992)

마셜 B. 로젠버그, 캐서린 한 역, 『비폭력 대화』(바오 출판사, 2004)

마틴 로이드 존스, 박영옥 역, 『하나님은 왜 전쟁을 허용하실까?』(목회
     자료사, 1994)

마틴 로이드 존스, 서문 강 역, 『로마서 강해 14』(CLC, 2005)

메튜 헨리, 김영배 역, 『디모데 전서-계시록』(크리스챤 다이제스트,
     2007)

박성수 외, 『나는 정직한 자의 형통을 믿는다』(2006)

브래드 블랜튼, 강헌구 역, 『 Honesty - 정직이 주는 통쾌한 삶』(한언
     출판사, 2005)

쉐인 클레어본, 배응준 옮김, 『믿음은 행동이 증명한다』(규장, 2007)

스티브 파라, 『삶의 마지막까지 쓰임 받는 하나님 사람』(미션월드 라이
     브러리, 2005)

신동식, 『세잔의 사과』(도서출판 토라, 2006)

신동식, 『정직한 질문, 정직한 답변』(도서출판 토라, 2004)

신원하 편저, 『기독교 윤리와 사회 정의』(한들 출판사, 2000)

신원하, 『교회가 꼭 대답해야 할 윤리적 문제들』(예영커뮤니케이션,
     2001)

신원하, 『전쟁과 정치』(대한기독교서회, 2003)

양낙흥, 『한국 기독교의 사회 윤리적 책임』(IVP, 1998)

이상원, 『행하는 삶』(총신대학교 출판부, 2006)

정종훈, 『기독교 사회 윤리와 인권』(대한기독교서회, 2003)

제리 플레밍, 황을호 역, 『정직한 경영이 돈을 번다』(생명의 말씀사, 2006)

제리 화이트, 『정직, 도덕, 그리고 양심』(네비게이토 출판사, 1994)

존 스토트, 『자유에 이르는 오직 한 길』(아가페 출판사, 1989)

존 하워드 요더, 신원하, 권연경 역, 『예수의 정치학』(IVP, 2007)

톰 라이트, 노종문 역, 『악의 문제와 하나님의 정의』(IVP, 2008)

폴 마샬, 진웅히 옮김, 『정의로운 정치』(IVP, 1997)

프란시스 쉐퍼, 김기찬 역, 『그러면 우리는 어떻게 살 것인가?』(생명의 말씀사, 1996)

프란시스 쉐퍼, 이선봉 역, 『개혁과 부흥』(생명의 말씀사, 1995)

할어반, 박정길 역, 『인생을 바꿔줄 선택』(웅진윙스, 2006)

헬렌 에쉬커, 『정직』(네비게이토 출판사, 2003)